INHALTSVERZEICHNIS

BASICS & KNOW-HOW 6

Küchenequipment 8
Herd, Ofen & Co. 11
Küchenlatein I: Arbeitstechniken 12
Einkauf mit Köpfchen 14
Vorräte machen das Leben leichter 16
Kräuterkram 18
Küchenlatein II: Garmethoden 20
Dies & Das – Hinweise zum Buch 21

SALATE & SNACKS 22

Basics 24
Rezepte 26–35
Super-Saucen-Special 32

SUPPEN & EINTÖPFE 36

Basics 38
Rezepte 40–47
Super-Brühen-Special 42

FLEISCH & GEFLÜGEL 48

Basics 50
Rezepte 53–65
Super-Dip-Special 58
Super-Saucen-Special 62

FISCH & MEERESFRÜCHTE

Basics 68
Rezepte 70–79
Super-Dip-Special 76

66

NUDELN, REIS & CO.

Basics 82
Rezepte 86–93
Super-Saucen-Special 89

80

KARTOFFELN & GEMÜSE

Basics 96
Rezepte 100–111
Kartoffel-Beilagen I 101
Kartoffel-Beilagen II 104
Gemüse-Beilagen 108

94

REGISTER 126

112

SÜSSES & GEBÄCK

Basics 114
Rezepte 116–125
Super-Saucen-Special 120

BASICS & KNOW-HOW

Aller Anfang ist schwer?
Nö, voll spannend!

Kochen rockt – du musst nur wissen, wie es geht! „Aber wer um Gottes Willen soll mir das denn beibringen", fragst du dich? Keine Panik, heute ist dein Glückstag! Du hast den ultimativen Lehrmeister gefunden und das ist schon mal die halbe Miete. Ich höchstselbst, the one and only Cooking Hero, nehme dich an die Hand und weiche auf dem steinigen Weg durch den Kochdschungel nicht von deiner Seite. Best buddies forever! So entwickelst du selber Step by Step kulinarische Superkräfte. Los geht's mit ein wenig Theorie: Auf den folgenden Seiten lernst du alles, was du wissen musst, um die Töpfe zum Brodeln und den Ofen zum Glühen zu bringen. Möge die Macht mit dir sein!

KÜCHENEQUIPMENT

GANZ OHNE GEHT'S NICHT

Kochen kann jeder! Aber: So ganz ohne Ausrüstung bringt auch der größte Superheld nix auf den Tisch. Viel Equipment muss es aber für den Anfang zum Glück nicht sein – ich zeig dir, was du unbedingt benötigst und was eher *nice to have* ist.

MUST-HAVE-EQUIPMENT

Töpfe

Absolutes Minimum sind zwei. Mit Deckel. Ein großer und ein kleiner. Damit man z. B. gleichzeitig Nudeln und Sauce kochen kann.

Pfanne

Am besten eine beschichtete, dann braucht man nicht so viel Fett und es verkrustet nichts beim Anbraten. Eine Pfanne mit Deckel ist super, dann kann man nach dem Anbraten direkt weiterschmoren.

Kochlöffel + Pfannenwender

Mindestens ein Kochlöffel und ein Pfannenwender. Ob Holz oder Kunststoff ist schnuppe – Kunststofflöffel darf man nur nicht zu lange im heißen Topf lassen, dann könnten sich Beschichtungsteile lösen. Pfannenwender sind übrigens diese flachen, breiteren Dinger, die man gut unter das, was in der Pfanne ist, schieben kann, um es – genau! – zu wenden. Unerlässlich also für Pfannkuchen oder Rösti. Überhaupt für alles, was man in Pfanne oder Topf wendet oder rührt, ist der Pfannenwender top (also auch z. B. Zwiebeln oder Fleisch beim Anbraten). Häufig ist er aus Metall, dann aber Vorsicht mit der Pfannenbeschichtung!

Schüsseln

Ohne die geht in der Küche nix. Minimum: eine große Rührschüssel (z. B. zum Anrühren von Pfannkuchenteig) – richtig smart wären noch ein, zwei weitere in verschiedenen Größen. Plastikschüsseln sind okay, Profis haben welche aus Edelstahl.

Schneidebretter

Aus Holz oder Kunststoff und nicht zu klein – am besten sogar drei Stück, die man gut voneinander unterscheiden kann. Und zwar eins für Fleisch, eins für Gemüse und eins für Obst. Es ist nämlich so: Auch wenn man die Brettchen ordentlich abwäscht – Krankheitserreger und Gerüche sind oft hartnäckig. Hat man also unterschiedliche Bretter, können keine Salmonellen vom Fleisch aufs Gemüse springen und die Erdbeere riecht nicht plötzlich nach Knoblauch ...

Sparschäler

Welche Form, ob mit querer oder senkrechter Klinge, ist Geschmacks- und Gewohnheitssache. Auf jeden Fall zieht man damit nicht mehr Schale als nötig von Kartoffel, Möhre, Gurke & Co. Gut zu wissen: Es gibt Sparschäler für Rechts- und Linkshänder!

Schöpfkelle

Damit kommt die Suppe am elegantesten vom Topf in den Teller. Schütten geht aber natürlich zur Not auch ...

Siebe

Irgendwie müssen die Nudeln ja aus dem Wasser – dafür ist das Sieb mit den großen Löchern. Nützlich ist noch eins mit kleineren Löchern, ein sogenanntes Haarsieb. Da kann man alles Mögliche drin abtropfen lassen (z. B. Mais, Kichererbsen aus der Dose) oder etwas passieren (siehe S. 13).

Messer

Gute Messer – superwichtig! Jeder gelernte Koch hat sein eigenes Messerset und hütet es wie seinen Augapfel! Für Hobbyköche und Küchenchaoten etwas übertrieben. Aber auf jeden Fall zählt Qualität (wie so oft) mehr als Quantität – also lieber drei richtig gute Messer kaufen als für das gleiche Geld ein Riesen-Messerset. Und zwar brauchen wir: ein kleines Gemüsemesser, ein großes Kochmesser und ein Brotmesser. Und warum geht nicht einfach eins für alles? Darum: Die Klinge vom Gemüsemesser ist kurz und gerade, dadurch ist das Messer handlich und man kann damit gut Gemüse und Obst putzen und schnibbeln. Das große Messer schneidet Fleisch und Fisch und rückt Unhandlichem wie Kürbis oder Melone schnittig zu Leibe. Außerdem kann man mit der etwas gebogenen Klinge auch Kräuter klein hacken. Und das Brotmesser – klar, wer mag schon zerdrückte Brotscheiben und zerkrümelte Brötchen? Die gezahnte Klinge sägt sich durch weiches Brot genauso wie durch knusprige Semmeln und harte Brotkrusten. Und sogar durch einen knusprigen Braten!

STUMPFE MESSER GEHEN GAR NICHT!

Messer müssen wirklich scharf sein! Dann schneidet so ein kleines Gemüsemesser auch gut durch die feste Tomatenschale (und zerquetscht sie nicht nur) und das große Kochmesser gleitet ganz leicht durch ein Stück Fleisch (ohne es unnötig zu zerfasern). Und keine Angst vor Verletzungen: Mit scharfen Messern kann man viel präziser schneiden, rutscht dadurch nicht ab und schneidet sich auch seltener. Trotzdem sollte man natürlich aufpassen wie ein Luchs!

Dosenöffner + Korkenzieher
Zum Öffnen von allem, was dir in die Quere kommt: Konserven (Dosentomaten, Mais, Kidneybohnen & Co.), verkorkste Flaschen & Co.

Schneebesen
Braucht man z. B. für Saucen, cremige Desserts und Pfannkuchenteig, weil man damit Flüssigkeiten und Pulver-Flüssigkeits-Gemische klümpchenfrei verrühren kann.

Küchenwaage + Messbecher
Nee, in der Küche ist es nicht spießig, ganz genau zu sein ... Viele Gerichte (vor allem beim Backen!) können nur gelingen, wenn man sich exakt an die angegebenen Zutatenmengen hält. Waage am besten elektronisch, Messbecher durchsichtig und mit möglichst feiner Einteilung.

Auflaufform
Am besten eine flache eckige mit Deckel. Die kann man für alles benutzen (z. B. überbackenen Fisch, Lasagne, Tiramisù ...).

Reibe
Lohnt sich allein schon aus einem Grund: Frisch geriebener Parmesan schmeckt immer besser als die eingeschlafenen Füße aus dem Tütchen! Mit einer Vierkantreibe (das ist so eine viereckige, die man hinstellen kann) kann man noch viel mehr als Käse raspeln: mit der groben Seite Möhren oder Äpfel, mit der feineren Zitronenschale oder Muskatnuss und an einer Seite sogar Gurkenscheiben. Voll praktisch!

Stabmixer/Pürierstab
Smoothie, Shake, Gemüsecremesuppe, Mayonnaise, Dip – wow, was der alles kann, der Kleine! Damit er auch wirklich alles klein und cremig kriegt, beim Kauf darauf achten, dass er ordentlich Power hat (= möglichst hohe Watt-Zahl).

Handrührgerät
Teige rühren und kneten kann man theoretisch auch per Hand, ist aber tierisch mühsam – das weiß jeder, der schon einmal versucht hat, Eiweiß oder Sahne mit dem Schneebesen steif zu schlagen ...

Küchenhandtücher
Ein Muss fürs Abtrocknen! Auch praktisch zum Passieren (siehe S. 13), als Topflappenersatz und zum Abdecken von Hefeteig.

VOM RÜHREN UND KNETEN

Bei Handrührgeräten sind standardmäßig Rührbesen und Knethaken mit im Gepäck. Knethaken sind vor allem für das **Verkneten von Teigen** (wie Hefeteig) notwendig, Rührbesen benötigt man zum **Schlagen von Eischnee, Sahne, Teigen, Cremes und anderen Massen.**

MIT OHNE KNOBLAUCH-PRESSE

Viele Köche lehnen die Knoblauchpresse tatsächlich ab – ihrer Meinung nach leiden beim Ausdrücken durch die Presse die ätherischen Öle und somit der Geschmack. Fein würfeln und dann mit einem breiten Messerrücken zerdrücken funktioniert mindestens genauso gut. Macht halt nur etwas mehr Arbeit.

FETTE AUSBEUTE

Um Zitronen möglichst viel Saft zu entlocken, solltest du sie vor dem Pressen ein paar Mal mit den Händen auf der Arbeitsplatte hin und her rollen – dadurch gehen die Membrane im Fruchtfleisch kaputt und der Saft fließt beim Pressen leichter heraus.

NICE-TO-HAVE-EQUIPMENT

Knoblauchpresse
Keine Frage, damit kriegt man den Knoblauch schnell und einfach klein und ins Essen.

Salatschleuder
Salat und Kräuter müssen ordentlich trocken sein, bevor sie in die Salatschüssel oder ins Essen kommen, sonst verwässern sie das Dressing. Das geht am einfachsten mit einer Salatschleuder. Das Teil nimmt aber auch viel Platz im Schrank weg. Alternativ tut's auch ein Küchentuch (siehe Superhelden-Tipp S. 25).

Nudelholz
Prima zum Ausrollen von Teigen – fast genauso gut funktioniert aber eine leere Weinflasche oder eine gefüllte Plastik-Wasserflasche.

Muffinblech
Es gibt auch Einmal-Muffinförmchen aus Papier, klar. Aber damit die Muffins darin ihre Form behalten, muss man in der Regel mehrere ineinanderstecken und danach landet alles im Müll. Nachhaltiger also: Muffinblech anschaffen, jedes Mal die Mulden schön einfetten, Muffins backen, Muffinblech spülen, nächstes Mal wieder verwenden, kein Müll.

Kuchenformen
Wer Kuchen backen möchte, braucht eine Kuchenform. Minimal ausgestattet ist, wer mindestens eine Springform (für runde Kuchen oder auch herzhafte Quiches) und eine Kastenform besitzt.

Waffeleisen
Für Waffeln braucht man ein Waffeleisen, da führt kein Weg dran vorbei.

Zitronenpresse
Feine Sache. Notfalls lässt sich eine halbierte Zitrone aber auch mit einer Gabel auspressen. Dann muss man nur danach die Kerne rausfischen.

Kartoffelstampfer
Wer gutes selbstgemachtes Kartoffelpüree liebt, für den lohnt sich die Anschaffung eines Kartoffelstampfers. Für alle anderen: Weichgekochte Kartoffeln in Stücke schneiden und mit einer Gabel zerquetschen (wird allerdings bei größeren Mengen ganz schön anstrengend) oder mit dem Handrührer auf kleinster Stufe verrühren. Absolutes No-Go: Stabmixer in die Kartoffeln – das wird zäh wie Kleister!

Küchenpinsel
Gibt's aus Kunststoff oder Holz mit Naturborsten und ist super zum Ausstreichen von Auflauf- oder Kuchenformen mit Fett oder zum Bepinseln von Gebäck mit Ei oder Glasur. Formen einfetten kann man alternativ auch mit Küchenkrepp, das man vorher in Öl oder weiche Butter tunkt.

Pizzaschneider
Damit schneiden echte Italiener die Pizza in Stücke – und essen sie dann mit den Händen! Die Pizza mit Messer und Gabel zu essen, ist nämlich in Italien verpönt.

HERD, OFEN & CO.

KLEINES KÜCHENGERÄTE-ABC

Eins ist sonnenklar: Zum Kochen brauchst du ein Kochfeld. Am besten auch einen Backofen. Dabei tut's aber ein einfacher Herd, der beides in einem Gerät vereint. Praktisch ist auch die gute alte Mikrowelle. Hier ein kleiner Überblick!

KOCHFELD

Elektro, Ceran, Induktion, Gas – heiß machen sie alle. Aber wie?

Elektro
Der gute alte Elektroherd: robust, günstig in der Anschaffung, tut seinen Dienst. Wer auf so einem Herd schon mal übergekochte Milch wegschrubben musste, weiß allerdings, dass das Putzen ziemlich mühselig ist …

Gas
Geht nur in Häusern mit Gasanschluss. Viele stehen drauf – hat was Ursprüngliches, fast wie Kochen am offenen Feuer. Super ist die gute Regulierungsmöglichkeit: die Hitze ist sofort da und auch sofort wieder weg. Man kann sich aber auch schneller verbrennen.

Glaskeramik
Solide und recht komfortabel. Praktisch: Meistens lassen sich einzelne Platten an die Topfgröße anpassen, also bestimmte Bereiche können dazu- oder weggeschaltet werden. Achtung, Kochzonen bleiben noch länger heiß nach dem Ausstellen!

Induktion – King of the kitchen
Höchste Punktzahl bei der Anwendung! Nachteil: Ganz schön teuer in der Anschaffung und nicht alle Töpfe sind geeignet (zum Beispiel solche aus Edelstahl, Kupfer und Aluminium). Wie funktioniert's? Die Wärmeübertragung läuft über magnetische Ströme – das Kochfeld selber wird nicht heiß, nur der Topf, den man draufstellt. Toll beim Kochen: Man kann die Temperatur präzise in kleinen Schritten regulieren, die Wärme ist sofort da und auch sofort wieder weg.

BACKOFEN

Der Ofen kann backen, überbacken, gratinieren und sogar grillen und schmoren – und damit er weiß, was er machen soll, gibt es verschiedene Einstellungen. Hier die wichtigsten:

Temperatur
Klar, ohne die geht's nicht – ist in jedem Rezept angegeben.

Ober-/Unterhitze und Umluft
Bei **Ober-/Unterhitze** kommt die Wärme aus Heizspiralen in Boden und Decke des Backofens. Bei **Umluft** verteilt ein Ventilator die erhitzte Luft zusätzlich im ganzen Backofen. Das bedeutet: Mit Umluft ist es im ganzen Backofen überall gleich heiß, da kann man auch gut zwei oder drei Bleche auf einmal übereinander in den Ofen schieben und gleichzeitig garen. Außerdem wird bei Umluft den Speisen schneller mehr Feuchtigkeit entzogen – für manche Gerichte super (Brötchen, Pizza und Plätzchen werden richtig schön kross), für andere nicht so toll (sowieso schon eher trockene Blechkuchen, Braten oder Hefeteig werden schnell zu trocken). Grundsätzlich gilt: Ob Ober-/Unterhitze oder Umluft ist letztlich Geschmacks- und Gewohnheitssache. Für die meisten Speisen kann man beides verwenden. Die Temperatur- und Zeitangaben in diesem Buch beziehen sich generell auf Ober-/Unterhitze (siehe dazu S. 21).

Grillfunktion
Zum Überbacken perfekt – macht knusprig und zaubert goldgelbe Krusten.

MIKROWELLE

Sehr praktisch, das Ding, keine Frage. Aber kein Muss. Die Mikrowelle kann nichts, was man in der Küche nicht auch ohne hinbekommt. Zwei Dinge kann sie aber wirklich gut: Speisen besonders flott auftauen und erwärmen. Schneller als im Topf oder Ofen. Und unkomplizierter. Und mit weniger Energie. Okay – die Spaghettisauce wird auch im zugedeckten Topf auf dem Herd schnell wieder warm. Aber wie sieht es mit einem Stück Nudelauflauf aus? Der brennt ohne zusätzliche Flüssigkeit oder Fett im Topf schnell unten an und fällt auseinander, bevor er überall warm ist. Und im Backofen dauert es ewig … Für sowas ist die Mikrowelle unschlagbar. Genauso fürs Auftauen – das dauert in der Mikrowelle nicht einen halben Tag, sondern bloß ein paar Minuten. Hier noch ein paar Superhelden-Mikrowellen-Tipps:

NO
- Metallschüsseln, Omis Kuchenteller mit Goldrand – geht schon, gibt aber ein Feuerwerk …
- Steingut, dünnes Glas – nur für den besonderen Knalleffekt zu empfehlen!
- Knusprige Krusten und rösten – Fehlanzeige!

YES
- Robustes Glas, Porzellan und hitzebeständige Kunststoffe (bei Letzterem sollte „mikrowellengeeignet" draufstehen)
- Lebensmittel mit fester Schale (Tomaten, Würstchen, Eier etc.) vorher anstechen/pellen – sonst entsteht Überdruck und sie platzen.

RÜHREN BRINGT'S

Die Mikrowelle erhitzt das Essen nicht gleichmäßig – es kann passieren, dass es an einer Stelle noch kalt ist und an einer anderen kochend heiß. Daher flüssige und stückige Gerichte am besten zwischendurch mal umrühren!

KÜCHENLATEIN I

ARBEITSTECHNIKEN

Ablöschen, passieren, marinieren – ein paar Begriffe aus der Küchenpraxis solltest du kennen. Vor allem solltest du wissen, was damit gemeint ist. Bislang verstehst du nur Bahnhof? No problem! Ich bring sofort Licht ins Dunkel. Wenn du bei den Rezepten auf einen Begriff stoßen solltest, der hier nicht auftaucht, schau mal im Register nach!

RÖSTEN

Rösten ist eine trockene Angelegenheit. Keine Flüssigkeit, kein Fett. Pflanzliche Lebensmittel wie Nüsse, Gewürze oder Brot werden bei großer Temperatur erhitzt. In direktem Kontakt mit der Hitzequelle (zum Beispiel in einer Pfanne). Dadurch wird Feuchtigkeit entzogen, die Zutaten werden dunkler und bekommen köstliche Röstaromen. Auch Gemüsesorten, die von Natur aus feuchtigkeitsarm sind (z. B. Möhren), können geröstet werden.

ABLÖSCHEN

Beim kräftigen Anbraten von Fleisch, Fisch oder Gemüse backt auf dem Pfannen-/Topfboden immer etwas an: der sogenannte Bratensatz. Um diesen zu lösen, wird abgelöscht. Dazu Flüssigkeit (Brühe, Wasser, Wein etc.) hinein und kräftig mit einem Pfannenwender rühren, um den Bratensatz zu lösen – so gehen die köstlichen Röstaromen in die Flüssigkeit. Perfekt für Fonds oder Saucen. Auch bei Schmorgerichten wie Gulasch wird abgelöscht. Hier dient das Ablöschen auch dazu, den Bratvorgang zu stoppen, um das Gericht danach langsam bei kleinerer Hitze fertig zu garen: aus Braten wird Kochen!

KARAMELLISIEREN

Karamell kennst du sicher. Aber weißt du, woraus er besteht? Aus Zucker, der „karamellisiert" wird! Dazu kommt der Zucker ohne Fett in eine Pfanne und wird auf mittlerer Stufe erhitzt, bis er anfängt zu schmelzen. Immer kräftig rühren, und zwar so lange, bis die gewünschte Farbe erreicht ist. Durchs Karamellisieren entstehen köstliche Röst- und Karamellaromen. Aber nicht zu dunkel werden lassen: Sonst wird's bitter!

ABSCHRECKEN

Viele Zutaten sind echt hinterlistig. Du garst sie auf den Punkt und was machen sie dann: sie garen einfach außerhalb von Topf oder Pfanne weiter („Resthitze"). Um das zu vermeiden, wird abgeschreckt. Dazu werden Zutaten wie Gemüse oder Eier in eiskaltes Wasser geschmissen oder damit überschüttet. Damit hat das Nachgaren schlagartig ein Ende! Bei Gemüse wie Bohnen oder Brokkoli bleibt dadurch übrigens auch die Farbe so schön kräftig wie sie ist.

PÜRIEREN

= Zermusen, zumeist von gekochten Lebensmitteln (wie Gemüse), aber auch von rohen wie beispielsweise Obst. Pürieren ist nicht nur etwas für Babys und Kaufaule: Es sorgt für cremige Suppen, feines Kartoffelpüree, leckere Obstsaucen ... Der Pürierstab ist ein super Pürierer, aber auch Kartoffelstampfer, Mixer und Sieb sind dafür geeignet.

PASSIEREN

Um ausgelaugtes Gemüse, Körner oder Klümpchen zu entfernen, gießt man Saucen, Suppen und Ähnliches durch ein Sieb oder ein Passiertuch. So werden nicht gewünschte feste Bestandteile herausgefischt.

WASSERBAD

Ein mit heißem (nicht mehr ganz kochendem) Wasser gefüllter Topf, in dem sich ein kleineres Gefäß aus Metall oder Porzellan befindet. Darin sind die Zutaten, die verarbeitet werden sollen. Diese werden so schonend und gleichmäßig erwärmt, ohne direkt mit der Hitzequelle oder Wasser in Berührung zu kommen. Ideal zum Schmelzen von Schokolade und Aufschlagen von Cremes.

MARINIEREN

Beim Marinieren baden Fleisch, Fisch oder Gemüse vor dem Garen in einer würzigen Flüssigkeit, der sogenannten Marinade, und nehmen dadurch deren Geschmack an. Hauptzutaten einer Marinade sind Öl, Salz, Kräuter und Gewürze. Auch gerne mit dabei: Sojasauce und Ingwer für Asia-Food, Knoblauch, Zucker, Honig, Senf ... Letztlich ist erlaubt, was schmeckt! Am einfachsten geht's so: Marinade in einen Gefrierbeutel geben, Mariniergut dazu, gut verschließen, durchschütteln und mindestens 30 Minuten, lieber länger, warten.

EINKAUF MIT KÖPFCHEN

CLEVER SHOPPEN

Schnell nach der Arbeit noch in den Supermarkt hetzen, planlos in die Regale greifen und zu Hause dann doch nicht wissen, was es zum Abendbrot geben soll? Nicht mit mir! Ab heute geht's mit Plan zum Food-Shopping.

SUPERHELDEN-TIPPS FÜR ENTSPANNTES EINKAUFEN

1 Check: Was gibt die Küche zu Hause noch her? Nur, wer einen ungefähren Überblick über den Inhalt von Kühl- und Vorratsschrank hat, kann sinnvoll einkaufen. Überhaupt: Vorräte, superwichtig – mehr dazu auf S. 16/17.

2 Plan: Spießig? Vielleicht – aber vor allem clever. Wie sehen die nächsten drei, vier Tage aus? Viel Zeit zu kochen oder eher wenig, viel unterwegs, kommt Besuch oder isst du alleine, worauf hast du Lust, was hast du vielleicht noch im Kühlschrank, das bald weg muss?

3 Liste: Nur was für Ordnungsfanatiker? Nö! Auf die Einkaufsliste kommt alles drauf, was laut Check (was ist noch da, was fehlt) und Plan (was willst du wann kochen und für wie viele) gebraucht wird. Größter Einkaufslisten-Vorteil: Sie spart Zeit und Geld! Ab in den Supermarkt, flott und konzentriert die Liste abarbeiten, kein planloses Umherirren zwischen den Regalen, keine unnötigen Spontankäufe, die irgendwann im Müll landen.

4 Effizienz: Hurra, dank Plan und Liste ist es vorbei mit dem täglichen Gerenne! Der wahre Einkaufs-Superheld macht einmal in der Woche/alle zwei Wochen einen Großeinkauf für haltbare Vorräte und Frisches von der aktuellen Liste. Und kauft dann noch zwei- bis dreimal in der Woche gezielt frische Lebensmittel wie Obst, Gemüse, Milch, Fleisch und Fisch ein. Das war's.

- Sonderangebot gesichtet? Super – aber nur kaufen, wenn das Produkt auf der Einkaufsliste steht oder zu den Sachen gehört, die eh immer wieder für den Vorrat aufgefüllt werden.

- Wochenmarkt in der Nähe? Perfekt für saisonales und regionales Obst und Gemüse. Das schmeckt nicht nur besser, sondern ist auch nachhaltiger (kürzere Transportwege, weniger Plastik) und oft auch günstiger. Auch größere Mengen gibt's auf dem Markt oft für kleineres Geld.

LOST IM SUPERMARKT

Wo finde ich was?

Bringen wir's doch mal auf den Punkt: Supermärkte wollen unser Geld. Traurig, aber wahr. Aus diesem schnöden Grund leiten sie uns absichtlich an möglichst vielen Regalen vorbei. Die Reihenfolge der Lebensmittel ist dabei alles andere als willkürlich gewählt. Darum ist sie auch in den verschiedenen Supermärkten oft sehr ähnlich. Am Anfang findet man meist die „Pflichtprodukte", also Grundnahrungsmittel wie Obst, Gemüse, Backwaren, Nudeln und Reis. Obst und Gemüse machen dabei meist den Anfang – kein Wunder, sieht ja auch schön bunt und attraktiv aus. Wo die Backwaren sind, sind andere Frühstückslebensmittel wie

EIN LEERER BAUCH SHOPPT NICHT GUT

Möglichst nicht mit Riesen-Kohldampf in den Supermarkt – schon gar nicht ohne Einkaufsliste! Denn ausgehungert ist vernünftiges, maßvolles und vorausschauendes Einkaufen fast unmöglich und es landet viel zu viel Unnötiges im Einkaufskorb.

Marmelade und Milchprodukte meist nicht weit. Dann kommt die Kür mit Käse, Fleisch und Wurst. Und andere Dinge, die man nicht täglich braucht: Kaffee, Tee, Konserven, Gewürze, Kosmetik- und Reinigungskram. Zum krönenden Abschluss kommt meist die Belohnung, also alles, was nicht aus Hunger oder Durst, sondern aus purer Lust gekauft wird: Süßes, Eis, Chips, Softdrinks, Alkohol und Zeitschriften …

Aber egal, wie logisch der Supermarkt aufgebaut ist: Es gibt immer ein paar Produkte, bei denen man sich dumm und dämlich sucht. Dosentomaten zum Beispiel. Diese findest du meist bei den Konserven, sie stehen aber auch gerne mal bei den Nudeln. Brühen und Fonds sind auch so eine Sache: Mal stehen sie bei den Konserven, mal bei den Suppen oder Gewürzen. Und auf der Suche nach frischer Hefe hat man auch schon so manchen Kunden stundenlang durch den Supermarkt irren sehen: Sie liegt in der Regel bei den Milchprodukten in der Kühlung.

Die gute Nachricht: Die Suche wird bald ein Ende haben! Auch Supermärkte werden immer digitaler. Das heißt für die Zukunft: Du findest deinen Lieblingsjoghurt nicht? Dann rufst du ihn einfach über eine App auf, die dich dahinlotst. Und bis es so weit ist, kommst du mit meinen Tipps gut über die Runden!

Die Höhe macht den Preis

Auch bei der vertikalen Platzierung der Produkte bleibt nichts dem Zufall überlassen. Ganz unten in der „Bückzone" liegen in der Regel günstigere Lebensmittel, die uns nicht direkt ins Auge springen sollen. Logisch, damit verdient sich der Supermarkt keine goldene Nase. Kaufen sollen wir stattdessen lieber die Produkte in der „Sichtzone". Dort liegen die teureren Markenprodukte. Wenn du kein Marken-Junkie bist, lohnt sich also auf jeden Fall immer der Blick nach unten.

ACHTSAM EINKAUFEN

Kommt, lasst uns gemeinsam ein wenig die Welt retten … oder zumindest einen Beitrag dazu leisten! Geht respektvoll mit Ressourcen um, unsere Erde kann uns sonst nicht ewig versorgen. Kauft also wirklich nur so viel, wie ihr auch verbrauchen könnt und esst erst mal das auf, was da ist, bevor ihr Neues kauft. Achtet darauf, nicht unnötig viel Plastikmüll zu produzieren: Nehmt Stoffbeutel mit in den Supermarkt, kauft loses, nicht eingeschweißtes Obst und Gemüse und packt es in Obstnetze, benutzt keine Kaffeekapseln und wickelt nicht jedes Pausenbrot in Folie, sondern besorgt euch schicke wiederverwendbare Brotboxen. Dann ist schon viel gewonnen!

VORRÄTE MACHEN DAS LEBEN LEICHTER

NICHT NUR HAMSTER HORTEN ...

... Superhelden auch! Echt jetzt? Ist Vorratshaltung nicht total out? Die Supermärkte haben mittlerweile bis in die Nacht geöffnet und zur Not bleibt immer noch die Tankstelle, in ostdeutschen Städten auch der Späti. Trotzdem – ein Vorrat an Lebensmitteln ist superpraktisch. So mancher Einkauf lässt sich dadurch vermeiden. Und für den spontanen Hunger bist du dann auch gewappnet.

DER PERFEKT GEFÜLLTE VORRATSSCHRANK

Um für alle kulinarischen Fälle gerüstet zu sein, solltest du immer ein gewisses Kontingent an Dosen- und Glaskonserven im Hause haben. Außerdem bestimmte trockene Vorräte, Öle und Fette, Gewürze, getrocknete Kräuter und Würzsaucen. Auch ein Tiefkühlschrank oder zumindest ein Tiefkühlfach im Kühlschrank kann viel Leckeres und Sinnvolles beherbergen, auch und gerade jenseits von Tiefkühlpizza und Fertiggerichten. Gekauftes Tiefkühl-Gemüse, tiefgekühlte Kräuter und Beeren sowie Fleisch lassen sich darin genauso aufbewahren wie Brot auf Vorrat und gekochte Essensüberbleibsel. Folgende Vorräte solltest du zu Hause haben:

Trockenes
Trockene Lebensmittel sind in der Regel recht lange haltbar und können daher gut auf Vorrat eingekauft werden. Nützlich sind beispielsweise Mehl, Backpulver, Paniermehl, Grieß, Couscous, Bulgur, Reis, Nudeln, Linsen, getrocknete Hülsenfrüchte, Zucker, Vanillezucker, Speisestärke, Agar-Agar oder Gelatine, Trockenfrüchte und verschiedene Nusssorten. Ist die Packung erst einmal geöffnet, die Vorräte in gut verschlossenen Dosen luftdicht und dunkel aufbewahren.

Konserven, Gläser und Tetrapacks
Auch Lebensmittel in Gläsern, Konserven und Tetrapacks sind lange haltbar und damit gute Kandidaten für die Vorratshaltung. Nützlich sind Tomatensauce, Tomatenpüree und gehackte Tomaten, Thunfisch, Sardellenfilets, Kokosmilch, Kapern, Oliven, Kidneybohnen und Kichererbsen. Auch Sauerkraut, Mais, Sauerkirschen, Pfirsiche und Spargel leisten gute Dienste. Angebrochene Gläser gehören unbedingt in den Kühlschrank und sollten schnell verbraucht werden. Angebrochene Konserven immer in ein Porzellanbehältnis oder in eine Frischhaltebox umfüllen. Auch diese Reste zügig, spätestens 2 Tage nach dem Öffnen, verbrauchen.

Tiefkühlprodukte
Tiefgekühltes wie Spinat, Erbsen, küchenfertige Garnelen, Blätterteig, Fischfilets und Beeren sind ebenfalls lange haltbar und sollten daher bei der Vorratshaltung nicht fehlen. Achtung: Aufgetaute Tiefkühlprodukte nicht noch einmal einfrieren!

Kräuter und Gewürze
Getrocknete Kräuter behalten dunkel und luftdicht verschlossen lange ihr Aroma und können daher super aufbewahrt werden. Nützlich sind beispielsweise Thymian, Majoran, Oregano, Basilikum, Rosmarin, Paprikapulver, Muskat und Curry (siehe S. 18/19). Auch tief-

---

DOSE ODER TK?

Wer greift denn noch zur Dose, wo es Tiefkühlprodukte gibt? Bei den meisten Gemüsesorten wie Erbsen und Bohnen ist das Tiefkühlprodukt ganz klar die bessere Wahl – sie sind vitaminreicher und schonender haltbar gemacht. Einige Produkte sind aber in der Dose unschlagbar, allen voran geschälte Tomaten. Gerade im Winter sind sie den geschmacksarmen frischen Wasser-Tomaten vorzuziehen. Sie werden sehr reif geerntet und haben dadurch jede Menge gesundes Lycopin im Gepäck.

gekühlte Kräuter und Gewürze (z. B. Petersilie, Schnittlauch und Dill) sind sehr praktisch. Am aromatischsten und ebenfalls länger haltbar sind frische Kräuter im Kräutertöpfchen.

Milchprodukte und Eier

Milchprodukte und Eier sind für stressfreies Kochen unentbehrlich. Ihre Haltbarkeit ist jedoch begrenzt – sie sind also nur für eine kürzere Vorratshaltung geeignet. Nützlich sind Milch (H-Milch hält deutlich länger!), Naturjoghurt, Crème fraîche, Sahne, Quark, Parmesan, Feta und Eier.

Fette, Öle und Sonstiges

Ständig am Start sollten Butter, Butterschmalz, Olivenöl sowie hitzebeständiges Pflanzenöl zum Braten sein. Aceto balsamico und Weißweinessig sind nützliche Basics für Salate & Co. Auch hilfreich: Senf, Sojasauce, Tabasco, Pesto, Tomatenmark, Meerrettich, Mayonnaise, Gemüse-, Hühner- und Rindfleischbrühe.

SITZORDNUNG IM KÜHLSCHRANK

Einige Vorräte gehören in den Kühlschrank, damit sie nicht verderben. Dort gibt es eine feste Sitzordnung! Im Kühlschrank ist es nämlich nicht überall gleich frostig – macht ja Sinn, denn nicht alle Lebensmittel mögen es gleich kalt. Also: Nicht alles wahllos in den Kühlschrank stopfen, sondern mit Sinn und Verstand. Im Gemüsefach herrschen Temperaturen um die 8 °C, ideal für die meisten Obst- und Gemüsesorten (Tomaten, Kartoffeln und exotische Früchte bleiben allerdings lieber draußen). In dem Fach unmittelbar darüber sowie im hinteren Bereich des Kühlschranks ist es am kältesten (um 2 °C) und damit genau richtig für leicht verderbliche Lebensmittel wie Fleisch, Fisch und Wurst. Milchprodukte fühlen sich pudelwohl bei 4–5 °C im mittleren Fach. Auch gut verpackte Essensreste in luftdichten Behältern gehören hierher. In das oberste Kühlfach mit etwa 8 °C kommen unempfindliche Lebensmittel, die nicht viel Kühlung benötigen, zum Beispiel geöffnete Gurkengläser und Konserven sowie Eingemachtes. In der Kühlschranktür ist es am wärmsten: Hier lagern ganz oben Butter und Eier, in der Mitte Konfitüren, Dressings, Ketchup, Dosen und Tuben und ganz unten Getränke wie Milch, Wasser und Säfte.

AUF EIS GELEGT

Lebensmittel, die du mehrere Monate aufbewahren möchtest, gehören in den Tiefkühlschrank oder ins Tiefkühlfach. Dafür sind mindestens -18 °C vonnöten – das erreichen nur 3- oder 4-Sterne-Geräte. In 1-Sterne-Fächern kannst du die Lebensmittel bei etwa -6 °C etwa eine Woche aufbewahren, in 2-Sterne-Fächern bei rund -12 °C drei Wochen. Bei -18 °C ist Obst und Gemüse 6 bis 12 Monate haltbar, Brot 1 bis 3 Monate, Fleisch 3 bis 12 Monate und Käse 2 bis 4 Monate.

Dill

Basilikum

Krause Petersilie

Rosmarin

Schnittlauch

KRÄUTERKRAM

DIE WÜRZE MACHT'S

Gegen Geschmacklosigkeit ist ein Kraut gewachsen. Oder ein Gewürz. Den Unterschied erklär ich dir gleich. Eins kannst du dir aber jetzt schon merken: Beide geben deinem Essen den letzten Schliff. Dir reichen eigentlich Salz und Pfeffer? Ok, dann kannst du dir diesen Abschnitt sparen. Oder dich eines Besseren belehren lassen. Du möchtest ein Würz-Hero werden? Gut so, dann bist du hier goldrichtig!

KRAUT ODER GEWÜRZ?

Die Begriffe Kräuter und Gewürze werden im echten Leben munter durcheinander benutzt. Die Abgrenzung ist auch gar nicht so einfach. Letztlich hat es was damit zu tun, welcher Teil der Pflanze verwendet wird. Kurz gesagt: Kräuter sind Blätter bzw. Stängel, Gewürze stammen von anderen Pflanzenteilen wie Knospen, Früchten, Wurzeln, Samen, Blüten, Rinden oder Zwiebeln. Kräuter gibt es frisch und getrocknet. Gewürze sind in der Regel getrocknet. Manche Pflanzen liefern gleich beides. Zum Beispiel der Koriander: Koriandersamen als Gewürz und Koriandergrün als Kraut.

KRÄUTER & GEWÜRZE	**KRÄUTER** z. B. Basilikum, Borretsch, Dill, Kerbel, Majoran, Minze, Oregano, Petersilie, Rosmarin, Salbei, Schnittlauch, Thymian, Zitronenmelisse
	GEWÜRZE z. B. Curry, Kümmel, Muskat, Nelke, Paprikapulver, Pfeffer, Vanille, Wacholderbeeren, Zimt

Es gibt unterschiedliche Geschmacksrichtungen, die sich ganz gut nach ihrer geographischen Herkunft einteilen lassen. Logischerweise ergänzen sich die Kräuter und Gewürze, die aus demselben Landstrich kommen, besonders gut:

- **Mediterran:** Rosmarin, Thymian, Oregano, Basilikum, Majoran, Salbei, Lorbeer, Kräutermischung der Provence/italienische Kräutermischung (die sind sich recht ähnlich)

- **Asiatisch/indisch/orientalisch:** Curry (ist übrigens eine Gewürzmischung, kein eigenständiges Gewürz), Kreuzkümmel, Muskatblüte, Kurkuma, Kardamom, Ingwer, Koriander, Chili, Garam Masala, Ras el-Hanout

- **Deutsch/mitteleuropäisch:** Kümmel, Dill, Muskat, Paprikapulver, Bohnenkraut, Nelken, Wacholderbeeren, Schnittlauch, Fenchelsamen

- **Universell:** Salz, Pfeffer (am besten immer frisch aus der Pfeffermühle), Petersilie

GEMAHLEN, GEREBELT, GESCHNITTEN ...

Hast du schon mal im Supermarkt vor dem Gewürzregal gestanden? Dann hast du vielleicht gesehen, dass es die getrockneten Gewürze und Kräuter in verschiedenen Formen gibt. Viele Sorten gibt es gemahlen, andere gerebelt, wieder andere im Ganzen. Warum nur? Darum: Je nach Art des Pflanzenteils wird das getrocknete Gewürz bzw. Kraut unterschiedlich weiterverarbeitet:

- **Gemahlen:** Feinste Zerkleinerung zu Pulver – z. B. Pfeffer, Paprika, Rosmarin, Ingwer, Muskat, Kurkuma, Koriander, Zimt, Cayennepfeffer, Chili
- **Gerebelt/Geschnitten:** Blätter und Blüten abgestreift („gerebelt") und zerkleinert – z. B. Oregano, Thymian, Basilikum, Estragon, Bohnenkraut, Kerbel, Majoran, Petersilie; einige Kräuter mit langen, schmalen oder nadeligen Blättern werden geschnitten, statt gerebelt – z. B. Rosmarin, Beifuß
- **Im Ganzen:** Unzerkleinert – z. B. Zimtstange, Wacholderbeeren, Nelken, Muskatnuss, Pfefferkörner, Kümmel, Sternanis, Lorbeerblatt, Piment

Gewürze und Kräuter in zerkleinerter Form sind ganz klar eins: superpraktisch! Beim Zerkleinern verlieren sie aber leider auch etwas von ihrem Aroma. Die Alternative: Ganze nehmen und diese „just in time" selbst im Mörser zerkleinern bzw. reiben.

KRÄUTERPRAXIS – HACKEN UND SO

Bevor frische Kräuter in den Topf segeln, werden sie oft gehackt. Wie fein oder grob, hängt vom Gericht und vom eigenen Gusto ab. Je kleiner die Kräuter gehackt oder geschnitten werden, desto mehr ätherische Öle werden freigesetzt und desto intensiver schmeckt das Kraut. Zum Hacken nimmst du am besten ein scharfes Messer mit langer Klinge. Leg die Kräuter bzw. Kräuterblättchen auf ein Küchenbrett. Halte das Messer mit einer Hand am Messergriff, die Finger der anderen Hand legst du oben auf die Klinge. Wieg das Messer dann auf den Kräutern hin und her. Noch einfacher geht's mit einem Wiegemesser. Auf die gleiche Weise kannst du auch Nüsse hacken!

Bei manchen Gerichten wandern die Kräuterzweige im Ganzen in den Topf. Diese haben nach dem Kochen ausgedient. Sie haben brav ihr Aroma abgegeben und damit ihre Pflicht getan. Damit du sie nach dem Kochen möglichst einfach wieder aus dem Gericht fischen kannst, gibt's eine pfiffige Lösung: Binde sie einfach mit Garn zu einem Bündel zusammen! Dieses Sträußchen heißt in der Fachsprache übrigens „Bouquet Garni". Musst du dir nicht merken – außer du willst auf der nächsten Party damit angeben ...

Zerkleinerte Kräuter oder Gewürze packst du in ein Gewürzei. So musst du nicht alles einzeln rausfischen.

SO BLEIBT'S FRISCH

Frische Kräuter im Bund vorsichtig erst in ein feuchtes Tuch und dann in eine Plastiktüte wickeln und ab in den Kühlschrank damit. Am aromatischsten sind Kräuter natürlich frisch aus dem Kräutertöpfchen.

Getrocknete Kräuter und Gewürze dunkel (Licht raubt Farbe und Aroma), trocken, kühl und luftdicht verschlossen lagern – direkt neben dem Herd ist zwar praktisch, aber durch Wärme und Feuchtigkeit verlieren sie an Würzkraft.

KLEINES WÜRZ-EINMALEINS

Wie geht das denn jetzt mit dem Würzen? Und was heißt überhaupt „abschmecken"? Übung macht mal wieder den Meister. Und die Rezepte in diesem Buch sind super zum Üben – da steht ja drin, wann was mit welchen Gewürzen und Kräutern gemacht werden soll. Wir empfehlen: Am besten erst mal an die Angaben im Rezept halten. Und dann weiterprobieren: Schmeckt es schon richtig lecker? Oder fehlt irgendwie noch was? Häufig hilft dann einfach noch ein bisschen Salz und Pfeffer. Oder du nimmst noch eine Prise (das ist die kleine Menge, die du zwischen Daumen und Zeigefinger halten kannst) von dem Gewürz, das im Rezept verwendet wird, rührst es unter und probierst noch mal. Schon besser? Super! So tastest du dich langsam an den Geschmack heran, wie du ihn am Ende haben willst. Grundregel: Lieber erst mal vorsichtig würzen – mehr geht immer, aber ist einmal zu viel Salz drin, wird es schwer, das wieder rauszukriegen.

Aber: Nichts ist unmöglich! Bei zu viel Salz in der Suppe gibt es eine Lösung: Leg eine geschälte rohe Kartoffel in die Suppe und lass sie mitkochen – klingt schräg, funktioniert aber! Auch Säure in Form von Weißwein oder Zitrussaft und Milchprodukte wie Quark, Frischkäse oder Crème Fraîche können Versalzenes etwas mildern.

KÜCHENLATEIN II

BLANCHIEREN

Das Gargut, meist Gemüse, wird einige Minuten in viel kochendem Salzwasser angekocht, aber nicht fertig gegart, danach in Eiswasser abgeschreckt (siehe S. 13). Gemüse bleibt dadurch knackig und behält seine Farbe. Ideal auch als Vorbereitung fürs Einfrieren. Notwendig bei hartem Gemüse, das sonst nicht verarbeitet werden kann, wie Kohlblätter für Kohlrouladen.

FRITTIEREN

Ordentlich hocherhitzbares Fett (z. B. Sonnenblumenöl, Erdnussöl, Kokosfett) in einer Fritteuse oder in einem Topf auf 140–180 °C erhitzen und das Gargut, z. B. Pommes, schwimmend darin ausbacken.

GARMETHODEN

Gemüse blanchieren? Häääh? Was soll ich tun? Es gibt ein paar Garmethoden, die du als angehender Cooking Hero kennen und beherrschen solltest. Daher hier noch eine Portion Küchenlatein. Wenn dir etwas im Buch begegnet, das du hier nicht findest, schau im Register nach!

DÜNSTEN

Das Gargut, meist Gemüse, aber auch Fleisch oder Fisch, landet mit wenig Flüssigkeit (Wasser, Brühe, Wein) im Topf oder in der Pfanne. Dann: Deckel drauf, Temperatur auf mittlere Hitze (knapp unter dem Siedepunkt). Vorteile: Nährstoffe verschwinden nicht im Kochwasser, alles behält mehr Geschmack.

SCHMOREN

Kombi aus Braten und Dünsten, also: Fleisch, Gemüse oder Fisch in heißem Fett rundherum kräftig anbraten (sorgt für tolle Röstaromen), wenig Flüssigkeit dazu, Deckel drauf, bei niedriger Hitze langsam garen. Klassische Schmorgerichte sind Gulasch und Rouladen (siehe auch S. 51).

DIES & DAS
HINWEISE ZUM BUCH

Tätätätäääääääääää … wir sind auf der Zielgeraden! Zum Schluss noch ein paar letzte Instruktionen und Hinweise zum Buch – dann geht's richtig los!

BACKOFEN-INFOS

Die Temperaturangaben in den Rezepten beziehen sich auf einen Elektroherd mit Ober- und Unterhitze. Wer will, kann auch Umluft benutzen (außer, es wird im Rezept ausdrücklich davon abgeraten), dann aber unbedingt beachten: Temperatur 20 °C niedriger einstellen und das Essen eventuell etwas früher aus dem Ofen holen (bei Umluft gart es durch die gleichmäßige Hitze nämlich auch etwas schneller). Wenn nicht anders angegeben, wird alles auf der mittleren Einschubleiste gegart bzw. gebacken.

Bei den meisten Gerichten muss vorab der Ofen vorgeheizt werden, das heißt du bringst ihn auf die angegebene Temperatur, bevor das Gericht in den Ofen kommt.

ABKÜRZUNGEN

Ø	=	Durchmesser	ml	=	Milliliter
cl	=	Zentiliter	Msp.	=	Messerspitze
El	=	Esslöffel	P.	=	Päckchen
g	=	Gramm	TK	=	Tiefkühlprodukt
kg	=	Kilogramm	Tl	=	Teelöffel
l	=	Liter			

REGISTER

Solltest du bei den Rezepten auf Begriffe stoßen, die dir nicht vertraut sind, schau mal ins Register am Ende des Buches!

TIMING/VORBEREITUNG

Auch, wenn du's kaum erwarten kannst: Lies dir am besten immer erst das ganze Rezept durch, bevor du loslegst, damit du einen Überblick bekommst. Schau dir an, welche Zutaten du für das Rezept benötigst, und check ab, ob du alle im Haus hast oder du noch flott einkaufen gehen musst. Stell die Zutaten bereit. Am besten auch das benötigte Küchenequipment – dann bricht später keine Hektik aus.

PORTIONEN

Von den meisten unserer Gerichte werden 4 Personen satt. Kochst du für 2, halbier einfach die Zutaten; kochst du nur für dich, nimm nur ein Viertel der Zutaten – bei den meisten Rezepten funktioniert das problemlos. Bei 1 Ei kann es zugegebenermaßen etwas schwieriger werden …

So werden viele Bäuche satt: Im Prinzip kannst du einfach die doppelte oder dreifache Menge machen. Manche Gerichte eignen sich dafür aber besser als andere. Faustregel: Alles, was zusammen in einen großen Topf/eine große Form/eine große Schüssel (Suppe, Eintopf, Auflauf, Salat) kommt, lässt sich mengenmäßig gut vervielfachen. „Einzelteile" wie Koteletts, Schnitzel oder Fischfilets eignen sich nicht so gut, weil sie einzeln zubereitet werden müssen und es ohne Gastroküche und eine Batterie von Pfannen unmöglich ist, alles gleichzeitig auf den Tisch zu bringen.

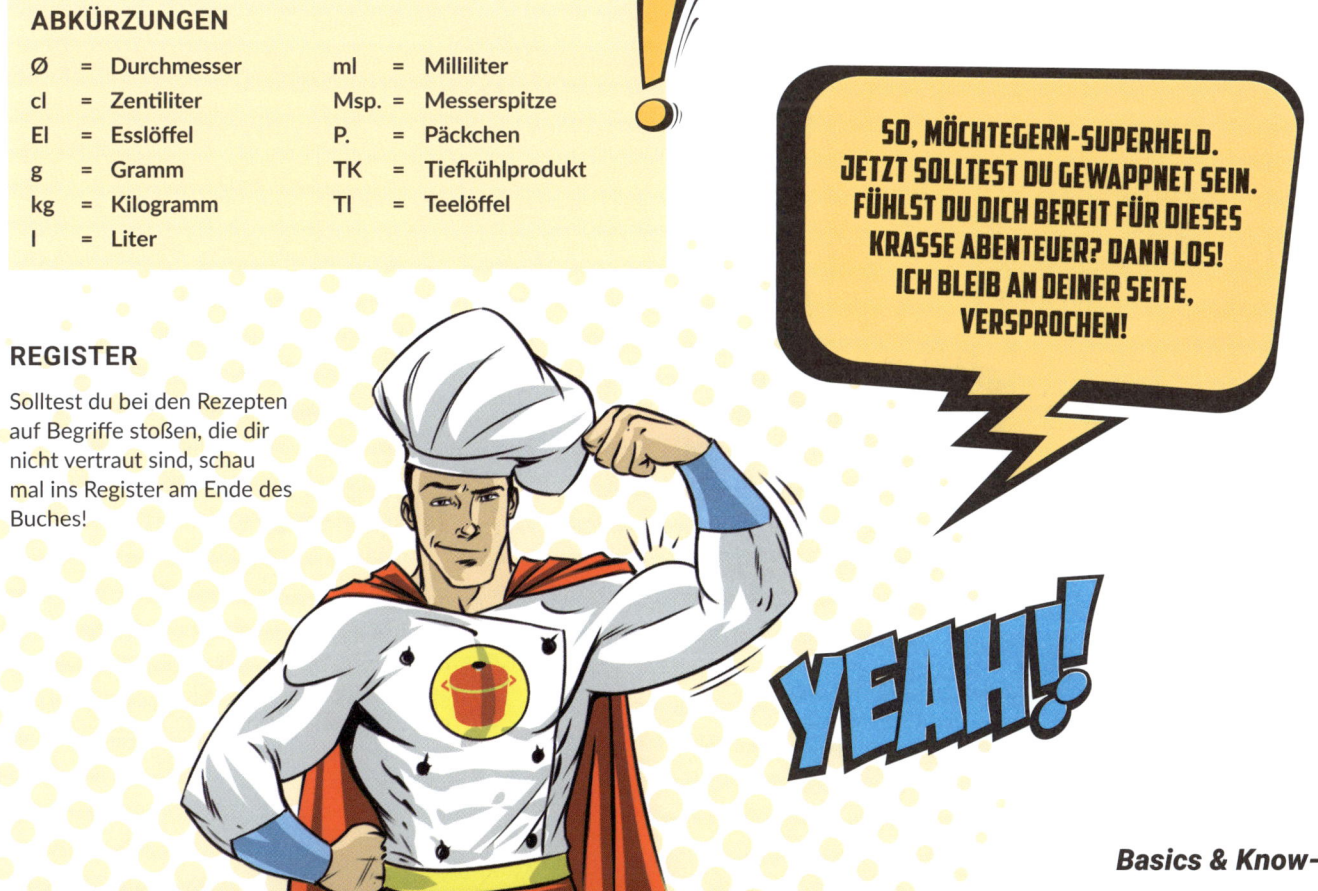

SO, MÖCHTEGERN-SUPERHELD. JETZT SOLLTEST DU GEWAPPNET SEIN. FÜHLST DU DICH BEREIT FÜR DIESES KRASSE ABENTEUER? DANN LOS! ICH BLEIB AN DEINER SEITE, VERSPROCHEN!

YEAH!

SALATE & SNACKS

Irgendwas fehlt diesem Salat.
Fleisch oder so.

Salat sind für dich nur grüne Blätter mit Sauce?
Nun ja, dein Weg zum Cooking Hero ist noch lang ...
Denn ein Salat, mein unbedarfter Schüler, ist das
Einmaleins der Superhelden-Küche. Er ist die
perfekte Mahlzeit: zeitsparend, gesund, erfrischend
und leicht, ein treuer Begleiter im Alltag und das beste
Mittel, um neue Freundschaften zu schließen.
Und falls du doch mal genug von all dem Salat-
rummel hast, gibt's ja alternativ auch noch ein paar
leckere Snack-Rezepte.

JETZT HABEN WIR DEN SALAT!

SALAT IST NICHT GLEICH SALAT

Die verschiedenen Blattsalatsorten sehen nicht nur unterschiedlich aus, sie unterscheiden sich auch im Geschmack und damit in ihrem möglichen Einsatzbereich. Kopf- und Eisbergsalat z. B. schmecken frisch und mild und lassen sich gut mit kräftigeren Sorten wie Feldsalat (herb und leicht nussig), Rucola (kräftig-nussig bis scharf) oder Romanasalat (leicht herb) mischen. Es gibt sogar Salatsorten, die man gut warm – also gegrillt, gebraten oder überbacken – essen kann, weil sie sehr feste Blätter und einen starken Eigengeschmack haben. Dazu gehören z. B. Radicchio und Chicorée. Salat ist mega!

EINKAUFEN UND LAGERN

Eigentlich klar, aber wir sagen es trotzdem: Einen vernünftigen Blattsalat erkennt man sofort – er sieht nämlich richtig schön frisch und knackig aus. Er hat keine labberigen, bräunlichen Blätter und die Schnittstelle unten am Salat ist feucht und noch nicht braun angelaufen. Die meisten Blattsalatsorten sind ziemlich empfindlich und sollten direkt aus der Einkaufstasche ins Gemüsefach vom Kühlschrank wandern. Dort halten sie sich lose 1–2 Tage. Locker in ein feuchtes Küchentuch eingeschlagen oder in einer wiederverschließbaren Plastikbox verstaut schaffen sie es noch mal ein paar Tage länger. Einfache Faustregel: Je fester die Blätter (z. B. bei Eisberg, Romana oder Radicchio), desto länger hält sich der Salat im Kühlschrank.

DER PERFEKTE SALAT

Bevor der Salat in die Schüssel hüpft:

- Von Kopfsalaten Blätter vom Strunk abzupfen. Waschbecken mit kaltem Wasser vollaufen lassen, Salat rein, ordentlich durchspülen. Alles, was welk und unschön aussieht, aussortieren. Salat aus dem Wasser fischen und in einer Salatschleuder oder in ein Küchentuch gewickelt (siehe Superhelden-Tipp S. 25) trocken schleudern. Jetzt noch besonders dicke Blattrippen rausschneiden und Salatblätter in, wie man so schön sagt, mundgerechte Stücke zupfen.

- Vom Feldsalat die Wurzelenden der Blätterbündel abschneiden. Alles andere läuft genauso wie beim Kopfsalat. Achtung: Feldsalat ist häufig besonders sandig, am besten man wäscht ihn zweimal.

- Mit Rucola läuft es genauso: Waschen, trocken schleudern, welke Exemplare aussortieren. Besonderheit hier: Harte Stielenden abschneiden.

ACHTUNG TÜTENSALAT!

Die in Plastik eingeschweißten, fertigen Salatmischungen sind praktisch, keine Frage – geputzt, gewaschen, in mundgerechte Stücke gezupft. Die Tüten sind aber auch ein beliebter Tummelplatz für Keime. Die sind meist nicht gefährlich, können aber doch zu Magen-Darm-Problemen führen. Sollte es also doch mal die schnelle Tüten-Variante werden – auf jeden Fall gründlich waschen und sofort essen!

DIE GOLDENEN DREI FÜR FEINES DRESSING

Ganz klar: Salat ist super – aber erst mit einem Sößchen so richtig lecker (siehe auch S. 32). Beim ersten Date von Salat und Dressing ist Folgendes wichtig:

1 Die Salatblätter müssen richtig trocken sein, bevor das Dressing draufkommt – sonst verwässert das Dressing und alles schmeckt fad und wird schnell matschig.

2 Dressing erst kurz vor dem Essen unter den Salat mischen. Sonst wird der Salat matschig.

3 Nicht so viel Dressing nehmen, dass der Salat darin schwimmt – man soll ja schließlich noch was vom Salat schmecken. Und: Je kräftiger der Eigengeschmack des Salates, desto würziger darf auch die Sauce sein.

GUT GEZOGEN

Wie lange sollte ein gewürzter Salat/ein Dressing ziehen?

BLATTSALATE Gar nicht

SALATE MIT GETREIDE UND/ODER GEMÜSE
5 Minuten bis 1 Stunde

NUDELSALAT, KARTOFFELSALAT
1 bis 6 Stunden

DIESE TOPPINGS SIND TOP!

Wenn das Dressing die Pflicht beim Salat-Schaulaufen ist, ist das Topping die Kür: kein Muss, aber superlecker! Hier zwei köstliche Beispiele:

Geröstete Kichererbsen

Backofen auf 180 °C vorheizen. 1 Dose Kichererbsen in ein Sieb abgießen, mit Wasser abbrausen, mit Küchenkrepp trocken tupfen. Mit 1 El Raps- oder Olivenöl, 1 Tl Lieblingsgewürz (sehr lecker sind z. B. Paprikapulver oder Curry) und einer guten Prise Salz vermischen und auf einem Blech im Ofen rösten. Fertig nach etwa 25 Minuten. Schmecken nicht nur auf Salat, sondern auch als Knabberei zwischendurch.

Croûtons

Von Weißbrotscheiben die Rinde entfernen und das Brot klein würfeln. In einer beschichteten Pfanne eine Mischung aus Butter und Öl (pro Brotscheibe ½ El) erhitzen, Brotwürfel darin unter Rühren rundherum goldbraun rösten. Ist so schon total lecker, kann man aber auch noch folgendermaßen aufpeppen:

- Pfanne vor dem Braten mit einer halbierten Knoblauchzehe ausreiben
- Nach dem Braten würzen, z. B. mit Kreuzkümmel, Curry oder Paprika
- Aromatisiertes Kräuteröl zum Anbraten nehmen
- Gehackte frische Kräuter mitrösten
- Dunkles Brot verwenden – dann schmecken die Croûtons kräftiger

DER RETTER DES WELKEN SALATS

Haben die Salatblätter zu lange im Kühlschrank rumgelegen und sind jetzt labberig und welk? Keine Panik: Es gibt Hoffnung auf Rettung! Und zwar: Salatblätter waschen, dann ab damit in eine Schüssel mit eiskaltem Wasser. Wichtig: 1 El Zucker oder Zitronensaft dazu. Nach 10 Minuten sind die Blätter wieder frisch und fest. Jetzt aber auch auf direktem Weg in die Salatschüssel!

KEINE SALATSCHLEUDER?

Kein Problem – ein Küchenhandtuch hast du ja wahrscheinlich, oder? Küchenhandtuch ausbreiten, Salatblätter drauf, Küchenhandtuch wie ein Bündel um die Salatblätter schließen. Die geschlossenen Handtuchspitzen gut festhalten und jetzt das Bündel ordentlich schwenken und schütteln, sodass alles überschüssige Wasser rausgeschleudert wird. Am besten geht das natürlich draußen oder auf dem Balkon.

SALATSAUCE ÜBRIG?

Nicht wegschütten! Ab in ein kleines Schraubglas und in den Kühlschrank damit. Bis zu vier Tage kann das Sößchen dort auf einen neuen Salat-Einsatz warten.

CEASAR'S SALAD
GIBT FELDHERREN POWER

FÜR 4 MÖCHTEGERN-RÖMER MIT SALATHUNGER

FÜR DIE CROÛTONS:
2 dicke Scheiben Weißbrot
1–2 El Olivenöl

FÜR DEN SALAT:
2 kleine Köpfe Romanasalat
1 Avocado
2 El Zitronensaft
1 Knoblauchzehe

4 eingelegte Sardellenfilets
 aus dem Glas
1 Eigelb
200 ml Olivenöl
1 El Worcestersauce
Salz
Zucker

AUSSERDEM:
100 g grob gehobelter Parmesan

Zubereitungszeit: ca. 25 Minuten

1 Zuerst machen wir uns an die Croûtons, ohne die ist ein Ceasar's Salad kein Ceasar's Salad! Dazu die Rinde vom Weißbrot säbeln und das weiche Innenleben in kleine Würfel schneiden. Olivenöl in einer beschichteten Pfanne erhitzen, Brotwürfel rein und unter Rühren rösten, bis sie braun und knusprig sind. Zur Seite stellen.

2 Nun ist das Grünzeug dran: Salatblätter abtrennen, waschen, putzen, trocken schleudern und mundgerecht zerzupfen. Avocado längs halbieren und den Kern herausholen. Fruchtfleisch möglichst intakt aus der Schale löffeln, dann würfeln und sofort mit ein paar Tropfen Zitronensaft beträufeln, damit es nicht braun wird.

3 Knoblauch schälen, Sardellen abtropfen lassen, beides klein würfeln. Eigelb in einem hohen Gefäß mit dem restlichen Zitronensaft verrühren. Olivenöl erst tropfenweise, dann in feinem Strahl dazugießen, dabei immer weiterrühren – das geht am besten mit einem Stabmixer! Ist die Creme schön gleichmäßig? Dann Knoblauch, Sardellen und Worcestersauce dazu, noch mal kurz durchpürieren und mit Salz und 1 Prise Zucker abschmecken. Salat und Avocadowürfel mit der Sauce mischen. Mit Croûtons und Parmesan krönen – fertig ist die Feldherren-Stärkung!

SALAT MIT PISTAZIENDRESSING
GRÜNER WIRD'S NICHT

FÜR 4 ALS VORSPEISE

FÜR DAS DRESSING:
2 unbehandelte Zitronen
4 Frühlingszwiebeln
50 g gesalzene, geröstete
 Pistazienkerne
1 Knoblauchzehe
120 ml Olivenöl
Salz
weißer Pfeffer

FÜR DEN SALAT:
150 g Feldsalat
250 g Romanasalat
1 Salatgurke
100 g Möhren
250 g Artischockenherzen
 aus der Dose

Zubereitungszeit: ca. 30 Minuten

1 Zitronen heiß abwaschen, trocken reiben und die Schale fein abreiben (Achtung, nur das Gelbe, das Weiße ist bitter). Die „nackigen" Zitronen dann auspressen. Frühlingszwiebeln putzen, waschen, abtrocknen und in dünne Röllchen schneiden. Pistazien grob hacken. Knoblauch schälen.

2 In einer Schüssel Olivenöl mit etwa 4 El Zitronensaft verrühren. 1 Tl von der Zitronenschale, Frühlingszwiebelringe und Pistazien unterrühren. Knoblauch durch eine Knoblauchpresse dazupressen (ohne Knoblauchpresse geht's auch – dann einfach fein würfeln und noch ein bisschen mit einem breiten Messerrücken zerdrücken). Das Dressing mit Salz und Pfeffer würzen.

3 Nun sind die Vitamine dran: Salatblätter abtrennen, waschen, putzen, trocken schleudern und den Romanasalat klein zupfen (der Feldsalat passt so in den Mund). Gurke und Möhren waschen, Enden abschneiden. Gurke zweimal längs durchschneiden, dann quer in Stücke. Möhre grob reiben. Artischockenherzen abtropfen lassen und halbieren. Alles zusammen in eine große Schüssel, Dressing drüber und gut vermischen. Tolle Vorspeise, toller Salat zum Grillen, tolles Mittagessen für einen heißen Sommertag …

GURKENSALAT WIE BEI MAMA, OMA UND BEIM ASIATEN

FÜR 4 ALS KLEINIGKEIT

1 Salatgurke	2 El Zucker
1 El Salz	weißer Pfeffer
200 g saure Sahne	1 Bund Dill
50 ml Sahne	1 Zwiebel
Saft von ½ Zitrone	

Zubereitungszeit: ca. 20 Minuten

1 Zuerst geht's der Gurke an den Kragen: Enden abschneiden, schälen und auf der Küchenreibe in feine Scheiben hobeln. Ab damit in eine Schüssel, mit Salz bestreuen und etwa 10 Minuten ziehen lassen.

2 Inzwischen fürs Dressing saure Sahne, Sahne, Zitronensaft und Zucker miteinander verrühren, mit Pfeffer würzen. Dill waschen, trocken schütteln, Spitzen abzupfen und hacken. Unter die Sauce rühren.

3 Zum Schluss die Zwiebel schälen und fein würfeln. Gurken-scheiben leicht ausdrücken und den entstandenen Saft ab-gießen. Gurken, Zwiebelwürfel und Dressing mischen – fertig!

VARIANTEN:

- Statt der sauren Sahne und Sahne 250 g Joghurt nehmen und diesen mit je 1 El Olivenöl und Essig verrühren.
- Oder mal asiatisch: 1 ½ El Zitronensaft, 2 El Rapsöl, 1 El Sesamöl, 1 El Sojasauce, je 1 Prise Chilipulver, Salz und Pfeffer zu einem Dressing verrühren und unter die Gurken mischen. Mit 45 g ge-hackten Erdnüssen bestreuen.

 **Passt super zu Zanderfilet mit Pilzkruste (S. 71)**

MELONENSALAT MIT GURKE UND FETA

DER PERFEKTE SOMMERSALAT

FÜR 4 MIT GROSSEM SALATHUNGER

2 rote Zwiebeln	200 g Feta (Schafskäse)
1 Knoblauchzehe	4 Stängel Oregano
4 El mildes Olivenöl	Salz
200 g kernlose Wassermelone	Pfeffer
2 Salatgurken	

Zubereitungszeit: ca. 25 Minuten

1 Los geht's mit Zwiebeln und Knoblauch: Beides schälen, Zwiebeln in dünne Ringe, Knoblauch in feine Scheiben schneiden. Öl in einer beschichteten Pfanne erhitzen und Zwiebeln und Knoblauch darin bei mäßiger Hitze anbraten, bis sie leicht gebräunt sind. Etwas ab-kühlen lassen.

2 Das Melonen-Fruchtfleisch von der Schale schneiden. Gurken waschen und die Enden abschneiden. Schafskäse abtropfen lassen. Alles in etwa 1 cm große Würfel schneiden. Oregano waschen, trocken schütteln, Blättchen abzupfen und fein hacken.

3 Melonen-, Gurken- und Schafskäsewürfel in einer Schüssel mit der Zwiebel-Knoblauch-Öl-Mischung aus der Pfanne vermengen – aber vorsichtig, damit nicht alles zerdrückt wird. Mit Salz und Pfeffer würzen und den Oregano drüberstreuen.

FAMILIENTREFFEN IM SALAT

Melone und Gurke sind verwandt, sie gehören beide zur Familie der Kürbisgewächse. Kein Wunder, dass dieser Salat so harmonisch schmeckt!

KARTOFFELSALAT MIT MAYO
HEISS GELIEBTER DAUERBRENNER

FÜR 4 HUNGRIGE

1 kg festkochende Kartoffeln	½ Bund Petersilie
Salz	2 El Gurkenwasser
1 hartgekochtes Ei	250 g Mayonnaise
(vgl. Nudelsalat S. 30)	½ Tl edelsüßes Paprikapulver
4 Gewürzgurken	Pfeffer

Zubereitungszeit: ca. 20 Minuten (plus ca. 20 Minuten Garzeit, ca. 30 Minuten Abkühlzeit und ca. 1 Stunde Zeit zum Ziehen)

1 Pellkartoffeln kochen wie auf S. 101 (Kartoffeln ganz lassen!). Abgießen, kalt abschrecken und auskühlen lassen.

2 Das Ei pellen und klein würfeln. Gurken abtropfen lassen, dann fein würfeln. Die Petersilie waschen, trocken schütteln, die Blätter abzupfen und klein hacken.

3 Die Kartoffeln pellen und in Scheiben schneiden. Ei, Gurken, Gurkenwasser und Mayo zugeben und alles vermischen – nicht mit Gewalt, damit die Kartoffelscheiben nicht zermatscht werden. Mit Paprikapulver, Salz und Pfeffer würzen. Die Petersilie über den Salat streuen. Mindestens 1 Stunde im Kühlschrank durchziehen lassen.

BUNTER KARTOFFELSALAT
MIT RADIESCHEN

FÜR 4 ABENTEURER

1 kg festkochende Kartoffeln	200 ml Buttermilch
Salz	1 El Gewürzgurkenwasser
4 Gewürzgurken	Pfeffer
1 Bund Radieschen	½ Bund Schnittlauch
150 g Mais aus der Dose	½ Bund Petersilie
125 g Mayonnaise	

Zubereitungszeit: ca. 20 Minuten (plus ca. 20 Minuten Garzeit, ca. 30 Minuten Abkühlzeit und ca. 1 Stunde Zeit zum Ziehen)

1 Pellkartoffeln kochen wie auf S. 101 (Kartoffeln ganz lassen!). Abgießen, kalt abschrecken und auskühlen lassen.

2 Gurken abtropfen lassen, dann fein würfeln. Radieschen waschen, Blätter und Wurzelenden abschneiden und in Scheibchen schneiden. Mais in einem Sieb abspülen und abtropfen lassen. Die Kartoffeln pellen und in Scheiben schneiden. In einer Schüssel mit Gurken, Radieschen und Mais vermischen.

3 Mayonnaise, Buttermilch und Gurkenwasser verrühren und unter die Kartoffelmischung mengen. Mit Salz und Pfeffer abschmecken. Kräuter waschen, trocken schütteln, fein hacken und ebenfalls unterrühren. Den Salat mindestens 1 Stunde im Kühlschrank durchziehen lassen.

 Passt wunderbar zu Frikadellen (S. 57)

PETERSILIE – KRAUS ODER GLATT?

Es ist wie bei den Haaren: Geschmackssache! Die krause Form schmeckt aromatischer und intensiver, die glatte ist milder, dafür machen ihre Blätter nicht so schnell schlapp. Deine Entscheidung!

KARTOFFEL-SALAT

3 X ANDERS, 3 X LECKER

LAUWARMER KARTOFFELSALAT
HERZHAFT MIT SPECK

FÜR 4, DIE ES DEFTIG MÖGEN

750 g festkochende Kartoffeln
Salz
½ Gemüsezwiebel
1 El Butter
125 g gewürfelter durchwachsener Speck
150 ml Gemüse- oder Fleischbrühe
3 El Weißweinessig
3 El Öl
1 El Senf
Pfeffer
½ Bund Schnittlauch

Zubereitungszeit: ca. 50 Minuten

1 Kartoffeln gründlich waschen. Reichlich Wasser mit Salz in einen großen Topf geben (das Wasser sollte salzig schmecken), Kartoffeln mit Schale rein und zugedeckt zum Kochen bringen. Etwa 20 Minuten bei mittlerer Hitze weich kochen, dann abgießen und kurz ausdampfen lassen.

2 Inzwischen: Ran an den Speck! Zwiebel schälen und klein würfeln. Butter in einer Pfanne erhitzen (aber nicht zu stark, sonst verbrennt sie) und Zwiebel und Speck darin 3 Minuten bräteln lassen. Die Kartoffeln pellen und in Scheiben schneiden. Die Speck-Zwiebel-Mischung darüber gießen.

3 Brühe erhitzen und mit Essig, Öl, Senf, Salz und Pfeffer verrühren. Ebenfalls über die Kartoffeln damit, dann alles gut durchmischen. Zuletzt den Schnittlauch waschen, trocken schütteln, in feine Röllchen schneiden und über den Salat streuen. Den Salat lauwarm, also am besten sofort, servieren. Kalt schmeckt er aber natürlich auch!

PASTASALAT
ITALIENISCH MIT PESTO

FÜR 4 ITALO-FANS

FÜR DEN SALAT:

Salz
400 g Spiralnudeln
1 rote Paprikaschote
100 g Kirschtomaten
1 kleine Zwiebel
1 Knoblauchzehe
150 g Mozzarella
2 El Rapsöl
1 El gemahlene Mandeln

FÜR DAS PESTO:

1 Bund Rucola (ca. 100 g)
6 El Olivenöl
2 El Zitronensaft
Salz
Pfeffer
1 El abgeriebene Schale von
    1 unbehandelten Zitrone

Zubereitungszeit: ca. 40 Minuten

1 Reichlich Salzwasser zum Kochen bringen, Nudeln rein, umrühren und offen bei mittlerer Hitze bissfest kochen – die Kochzeit steht auf der Nudelpackung! Dann in ein Sieb abgießen (dabei ca. 1 Tasse von der Kochflüssigkeit auffangen), mit kaltem Wasser abschrecken und abtropfen lassen.

2 Paprika putzen, waschen und in kleine Würfel schneiden. Tomaten waschen und je nach Größe halbieren oder vierteln. Zwiebel und Knoblauch schälen und fein würfeln. Den Mozzarella in Würfel schneiden.

3 Das Öl in einer Pfanne erhitzen, Paprika, Zwiebel und Knoblauch rein und 3–4 Minuten bei mittlerer Hitze anbraten. Gemahlene Mandeln dazurühren und ca. 2 Minuten mitbraten. Zuletzt die Tomaten untermischen. Pfanne vom Herd ziehen und alles abkühlen lassen, dann mit Nudeln und Mozzarella vorsichtig in einer Schüssel vermischen.

4 Fürs Pesto den Rucola waschen und trocken schütteln, harte Stielenden abschneiden. Zwei Drittel davon grob zerschneiden und mit dem aufbewahrten Nudelwasser, Olivenöl und Zitronensaft in einem

hohen Gefäß fein pürieren. Kräftig salzen und pfeffern. Zitronenschale unterheben und alles mit dem restlichen Rucola unter die Nudeln mischen. Schmeckt direkt oder 1 Stündchen durchgezogen.

NUDELSALAT
DEN LIEBT JEDER!

FÜR 4 MIT NORMALEM HUNGER

Salz
300 g Farfalle
4 Eier
200 g Fleischwurst am Stück
4 Gewürzgurken

4 El Mayonnaise
4 El saure Sahne
2 El Gewürzgurkenwasser
Pfeffer

Zubereitungszeit: ca. 35 Minuten (plus ca. 1 Stunde Ziehzeit)

1 Reichlich Salzwasser zum Kochen bringen, Nudeln rein, umrühren und offen bei mittlerer Hitze bissfest kochen – die Kochzeit steht auf der Nudelpackung! Dann in ein Sieb abgießen (dabei 2 El von dem Kochwasser fürs Dressing auffangen), mit kaltem Wasser abschrecken und abtropfen lassen.

2 Eier mit Eierstecher anpieksen (damit sie nicht platzen), in einen Topf mit kochendem Wasser geben, Hitze runter und in 8–10 Minuten hart kochen. Abschrecken und abkühlen lassen, dann schälen und in Stücke schneiden. Fleischwurst und Gurken in Würfel schneiden (Wurst ein bisschen größer, Gurken ein bisschen kleiner).

3 Fürs Dressing Mayonnaise, saure Sahne, Gurkenwasser und das aufgefangene Nudel-Kochwasser in einer Schüssel kräftig mit dem Schneebesen verrühren. Mit Salz und Pfeffer abschmecken. Nudeln, Fleischwurst, Gurkenwürfel und Eier mit dem Dressing mischen. Den Salat mindestens 1 Stündchen durchziehen lassen (dann vielleicht noch mal 1 El Gurkenwasser unterrühren, der Salat trocknet beim Ziehen etwas nach).

HIRSE-MÖHREN-SALAT
TREND-GETREIDE AUF ORIENTALISCH

FÜR 4 HUNGERLEIDER

FÜR DEN SALAT:

200 g Hirse
500 ml kräftige Gemüsebrühe
50 g Cashewkerne
200 g Möhren
1 Bund Dill
125 g getrocknete Cranberrys
Salz
Pfeffer
300 g saure Sahne

FÜR DAS DRESSING:

½ Gemüsezwiebel
40 ml Rapsöl
1 Tl mildes Currypulver
1 Msp. Zimt
abgeriebene Schale von
½ unbehandelten Orange
Saft von 1 unbehandelten
Orange
3 El Weißweinessig

Zubereitungszeit: ca. 40 Minuten

1 Hirse in einem Sieb mit heißem Wasser gründlich abspülen, dann abtropfen lassen. Mit der Gemüsebrühe in einen Topf geben und zum Kochen bringen, dann Hitze runter, Deckel drauf und ca. 15 Minuten sanft köcheln lassen – dann sollte die ganze Flüssigkeit aufgesogen sein. Leicht abkühlen lassen.

2 In der Zwischenzeit ist das Dressing dran: Zwiebel schälen und klein würfeln. Öl in einem Topf erhitzen, Zwiebel darin 5 Minuten bei mittlerer Hitze anbraten. In einer Schüssel mit den restlichen Dressing-Zutaten verrühren. Hirse dazu und alles vermengen.

3 Cashewkerne hacken und in einer Pfanne ohne Fett anrösten – das dauert nur ein paar Minuten, dabei immer mal umrühren, sonst werden sie schwarz. Möhren putzen, schälen und klein würfeln oder auf der Gemüsereibe grob raspeln. Dill waschen, trocken schütteln, Spitzen abzupfen und fein hacken. Alles zusammen mit den Cranberrys zur Hirse geben. Gut mischen und mit Salz und Pfeffer abschmecken. Saure Sahne in einer Schüssel glatt rühren und den Salat damit beklecksen.

COUSCOUS-ERBSEN-SALAT
FRUCHTIG MIT HONIGMELONE

FÜR 4 MIT SNACK-HUNGER

150 ml Gemüsebrühe
150 g Couscous
2 Tl Butter
200 g TK-Erbsen
Salz
Pfeffer
4 Stängel Minze

250 g Honigmelone
1 Handvoll Rucola
(alternativ Brunnenkresse)
2 El Aceto balsamico bianco
4 Tl Limettensaft
1 Tl Honigsenf
3 El Olivenöl

Zubereitungszeit: ca. 30 Minuten (plus ca. 20 Minuten Abkühlzeit)

1 Für den Couscous Gemüsebrühe aufkochen. Topf vom Herd, Couscous rein, umrühren. Abgedeckt ca. 5 Minuten quellen lassen, bis alle Flüssigkeit aufgesogen ist. Butter dazu, einmal mit der Gabel auflockern und alles abkühlen lassen.

2 Die Erbsen in ganz wenig kochendem, leicht gesalzenem Wasser gar kochen, das dauert höchstens 5 Minuten. Abgießen und leicht pfeffern. Minze waschen, trocken tupfen, Blättchen abzupfen und hacken. Mit den Erbsen mischen. Honigmelone schälen, Kerne entfernen und das Fruchtfleisch in Stücke schneiden. Rucola waschen und trocken schütteln, harte Stielenden abschneiden.

3 Kein Salat ohne Dressing, also: Balsamico mit Limettensaft, Honigsenf, Olivenöl und 1–2 Melonenstücken pürieren. Mit Salz und Pfeffer abschmecken. Wer es schick mag: Dressing auf zwei große Weck-Gläser verteilen, dann Couscous, Erbsen, Melone und Rucola drüberschichten. Vor dem Essen kräftig schütteln. Ansonsten: Einfach alles in einer Schüssel mischen und ab auf den Tisch damit!

SUPER-SAUCEN-SPECIAL

Kleingezupfte, grüne Blätter machen noch keinen Salat. Erst mit dem richtigen Dressing wird das knackige Grünzeug zum Genuss! Außerdem lässt es sich mit etwas Öl auch viel leichter verdauen.

Deshalb hier vier Superhelden-Geheimtipp-Dressings – in wenigen Minuten hergestellt, aber lange köstlich!

JOGHURT-DRESSING

FÜR 4 SALATTELLER 150 g Naturjoghurt | 3 El Schmand | Saft von 1 Zitrone | 1 El gehackter Schnittlauch | 1 El gehackte Petersilie | Salz | weißer Pfeffer | Cayennepfeffer | 2 El Olivenöl

Zubereitungszeit: ca. 5 Minuten

Joghurt, Schmand, Zitronensaft und Kräuter ordentlich verrühren. Mit Salz, Pfeffer und Cayennepfeffer abschmecken. Zuletzt langsam das Öl unterrühren.

 Passt zu Blattsalaten

EINFACHE SALATSAUCE

FÜR 4 SALATTELLER
1 Zwiebel | 2–3 El Obst- oder Weinessig | 3 El Sonnenblumenöl | Salz | Pfeffer

Zubereitungszeit: ca. 5 Minuten

Zwiebel schälen und klein würfeln und mit Essig und Öl mischen. Mit Salz und Pfeffer abschmecken.

Passt zu Blattsalaten

KRÄUTER-DRESSING

FÜR 4 SALATTELLER 100 ml Rapsöl | 50 ml Weißweinessig | je 1 El Petersilie, Schnittlauch, Dill, Kerbel und Basilikum, alles fein gehackt | ¼ Tl Salz | ¼ Tl Pfeffer | 1 Prise Cayennepfeffer

Zubereitungszeit: ca. 5 Minuten (plus ca. 12 Stunden Zeit zum Ziehen)

Öl, Essig und Kräuter in einer Schüssel miteinander mischen. Mit Salz, Pfeffer und Cayennepfeffer abschmecken und etwa 12 Stunden durchziehen lassen.

Passt zu Blatt-, Gemüse-, Nudel- und Reissalaten

KRÄUTER-SENF-SAUCE

FÜR 4 SALATTELLER 1 Zwiebel | 1 Knoblauchzehe | 2–3 El Obst- oder Weinessig | 3 El Sonnenblumenöl | Salz | Pfeffer | 2 El gehackte Lieblingskräuter (z. B. Petersilie, Schnittlauch, Basilikum) | 1 Tl Dijonsenf

Zubereitungszeit: ca. 5 Minuten

Zwiebel und Knoblauch schälen und klein würfeln. Gründlich mit allen anderen Zutaten verrühren.

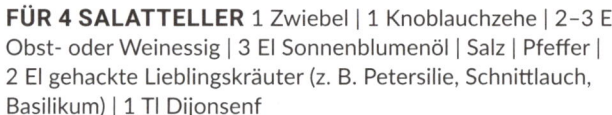

Passt zu Blattsalat und gemischtem Salat

IN CA. 30 MINUTEN FERTIG (PLUS BACKZEIT)

BLÄTTERTEIGSCHNECKEN
HEISS UND KNUSPRIG

FÜR 12 SCHNECKEN

½ Gemüsezwiebel
  (das sind die ganz großen)
250 g Cocktailtomaten
125 g Feta (Schafskäse)
2 El Olivenöl
2 Tl brauner Zucker
2 Tl getrockneter Oregano

Salz
Pfeffer
1 Rolle Blätterteig (275 g)
  aus dem Kühlregal
250 g geriebener Emmentaler
  oder Gouda
Butter für das Muffinblech

1 Die erste Tat: Backofen vorheizen, und zwar auf 180 °C, und die Mulden eines Muffinblechs mit Butter einfetten. Dann geht's der Zwiebel an die Schalen: ab damit und dann klein würfeln. Tomaten waschen, Stielansätze abzupfen und die Tomaten klein schneiden. Feta abtropfen lassen und zerbröckeln.

2 Olivenöl in einer Pfanne oder in einem Topf erhitzen, Zwiebeln dazu und etwa 5 Minuten bei mittlerer Hitze anbraten – immer schön rühren! Nach ungefähr 2 Minuten den Zucker drüberstreuen, weiterrühren. Zwiebeln dann in eine Schüssel umfüllen, Tomaten, Feta und Oregano dazu und alles mit einem Pürierstab pürieren. Mit Salz und Pfeffer abschmecken.

3 Den Blätterteig mit dem Nudelholz noch etwas dünner ausrollen. Die Füllung gleichmäßig auf dem Teig verteilen, dabei die Seitenränder etwas frei lassen (sonst quillt beim Aufrollen die Füllung raus). ⅔ des Käses drüberstreuen. Dann das gute Stück aufrollen. Die Rolle in 12 ungefähr gleich große Scheiben schneiden. Je 1 Teigscheibe in eine Muffinblechmulde legen. Den restlichen Käse drüberstreuen und ab in den Ofen damit. Nach 25 Minuten mal schauen, ob die Schneckchen schon goldbraun und knusprig sind, sonst noch 5 Minuten weiterbacken.

KÄSE-SCHINKEN-RÖLLCHEN
STATT KÄSEIGEL FÜRS BÜFETT

20 RÖLLCHEN FÜR 4 MITTELHUNGRIGE

½ Bund glatte Petersilie
200 g Crème double
Salz
Pfeffer
100 g Butter

10 dünne Scheiben
  Parmaschinken
200 g Provolone
  (italienischer Hartkäse)
10 Blätter Yufka-Teig
  aus dem Kühlregal (250 g)

1 Petersilie waschen, trocken schütteln und die Blättchen fein hacken. Mit Crème double in einer Schüssel verrühren, leicht salzen und pfeffern. Butter in einem kleinen Topf schmelzen, dann vom Herd nehmen. Parmaschinken in mundgerechte Stücke zupfen. Provolone grob raspeln.

2 Backofen auf 180 °C vorheizen, ein Backblech mit Backpapier belegen. Ein Yufka-Teigblatt halbieren, die Hälften dünn mit zerlassener Butter bepinseln. Jeweils mit ca. 7 g Schinken und 10 g Provolone bestreuen. Etwa 10 g Crème double in kleinen Tupfen darauf verteilen. Nun wird gerollt: Kurze Querseiten der Teigblätter nach innen leicht einschlagen (jeweils ca. 2 cm), dann das Teigblatt von der langen Seite her aufrollen. Mit der Naht nach unten auf das Backblech legen und noch mal dünn mit Butter bepinseln. Genauso geht's weiter mit den restlichen Teigblättern und Zutaten.

3 Die Röllchen im Ofen ca. 25 Minuten backen, nach der Hälfte der Backzeit noch mal dünn mit Butter bepinseln.

YUFKA MAG'S FEUCHT!

Yufka-Teig trocknet schnell aus und lässt sich dann selbst von Cooking Heros nicht mehr gut rollen. Daher immer nur ein Blatt ausbreiten und den Rest solange mit einem feuchten Küchentuch bedecken.

GREEK SALAD IM WRAP
SCHMECKT NACH URLAUB

FÜR 4 MIT ORDENTLICH SNACK-HUNGER

FÜR DIE FÜLLUNG:
200 g Feta (Schafskäse)
1 Salatgurke
1 gelbe Paprikaschote
2 Tomaten
1 rote Zwiebel
2 El grüne Oliven ohne Stein
4 El Olivenöl
1 El Zitronensaft

Salz
Pfeffer

AUSSERDEM:
12 Salatblätter (Kopfsalat
    oder Eichblattsalat)
4 Wraps (Weizenfladen,
    ca. 25 cm Ø)

Zubereitungszeit: ca. 25 Minuten

1 Los geht's mit der Füllung: Dafür Schafskäse abtropfen lassen. Gurke waschen, Enden abschneiden, halbieren und die Kerne mit einem Löffel herauskratzen (damit die Füllung nicht zu wässrig wird). Paprika putzen und waschen. Tomaten waschen, halbieren, Stielansatz rausschneiden. Zwiebel schälen. Alles samt der Oliven in ganz kleine Würfel schneiden und mit Olivenöl und Zitronensaft vermischen. Mit Salz und Pfeffer würzen.

2 Salat waschen und trocken schütteln. Jeweils 3 Salatblätter auf einen Wrap legen, dann jeweils ein Viertel der Füllung darauf verteilen – aber nicht bis ganz an den Rand, sonst quillt beim Aufrollen alles an der Seite wieder raus! Jetzt alle vier Seiten erst leicht nach innen einschlagen, dann den Wrap von einer Seite ganz aufrollen. Eignet sich auch wunderbar als Fitmacher-Snack für unterwegs!

SUPER TO-GO-SNACKS!

RÄUCHERLACHS-WRAPS
FÜR WICKELWÜTIGE

FÜR 4 NORMALHUNGRIGE

FÜR DIE CREME:
1 Bund Dill
200 g Frischkäse
100 g saure Sahne
Salz
Pfeffer
2 El Zitronensaft

FÜR DIE FÜLLUNG:
½ Gurke
½ Bund Radieschen
8 Blätter Kopfsalat oder
    Eichblattsalat
200 g Räucherlachs

AUSSERDEM:
4 Wraps (Weizenfladen,
    ca. 25 cm Ø)

Zubereitungszeit: ca. 25 Minuten

1 Für die Creme Dill waschen, trocken schütteln, die Blätter abzupfen und fein hacken – man kann alles vom Dill verwenden, außer die dickeren Stängel. Mit Frischkäse und saurer Sahne in einer Schüssel verrühren. Mit Salz, Pfeffer und Zitronensaft abschmecken.

2 Gurke waschen, Enden abschneiden und längs halbieren. Mit einem Löffel die Kerne herauskratzen, die würden die Füllung zu flüssig machen. Gurke in möglichst dünne Scheiben schneiden. Radieschen waschen, Blätter und Wurzelenden abschneiden und die kleinen Knollen ebenfalls in dünne Scheibchen schneiden. Salat waschen und trocken schütteln. Lachs in Stücke schneiden.

3 Die Wraps ausbreiten und mit Dillcreme bestreichen. Jeweils 2 Salatblätter und 50 g Lachs drauflegen. Gurken und Radieschen darauf verteilen – am besten alles nicht bis ganz an den Rand der Wraps verteilen, sonst quillt beim Wickeln und Rollen an den Seiten alles raus. Beim Wickeln und Rollen ist etwas Geschick gefragt: Zuerst das untere Ende vom Wrap ein Stück nach oben einklappen, dann die beiden Seiten ein Stückchen nach innen. Und nun das Ganze fest (aber auch nicht zu fest) von unten nach oben aufrollen. Hat's funktioniert? Dann guten Appetit!

BACKCAMEMBERT MIT NUSS-KRUSTE GEHT SUPERFLOTT UND MACHT WAS HER

FÜR 4 ALS VORSPEISE

250 g Camembert
60 g Pekannüsse
1 Knoblauchzehe
½ Tl gehackter frischer Rosmarin
½ Tl frische Thymianblättchen

1 Tl brauner Zucker
1 Msp. Chilipulver
1 El Olivenöl
1 Prise Salz

Zubereitungszeit: ca. 20 Minuten

1 Backofen auf 200 °C vorheizen. Eine feuerfeste Form (ca. 20 cm Ø) mit Backpapier auslegen, Camembert hineinlegen.

2 Pekannüsse grob hacken. Knoblauch schälen und fein würfeln. Beides mit den restlichen Zutaten gut vermischen. Die Nussmischung auf dem Camembert verteilen und ab in den Ofen damit – nach etwa 10 Minuten duftet es herrlich und der Käse ist warm und weich. Dazu ein bisschen Baguette und das Käse-Glück ist perfekt.

GENIAL DAZU

Preiselbeeren, Feigen oder ein Klecks Johannisbeergelee!

SANDWICH MIT BACON, KÄSE UND EI BEST HOMEMADE FASTFOOD

FÜR 4 STULLEN-HÄLFTEN

4 Scheiben Bacon
1 Tomate
½ Bund Schnittlauch
2 Eier
3 El Milch
Salz

Pfeffer
1 Tl Butter
4 Scheiben Weißbrot
2 Tl süßer Senf
4 Scheiben Gouda

Zubereitungszeit: ca. 25 Minuten

1 Backofen auf 170 °C vorheizen. Ein Backblech mit Backpapier belegen. Bacon in einer Pfanne ohne Fett leicht kross anbraten, dann auf Küchenkrepp abtropfen lassen. Tomate waschen, Stielansatz rausschneiden und in dünne Scheiben schneiden. Schnittlauch waschen, trocken schütteln und in feine Ringe schneiden.

2 Eier mit Milch verquirlen, leicht salzen und pfeffern. Butter in einer Pfanne bei mittlerer Hitze schmelzen, rein mit der Eiermasse und kräftig rühren, bis die Eier anstocken, aber noch cremig sind.

3 Weißbrot toasten. 2 Brotscheiben mit Senf bestreichen, dann jeweils Tomaten, Rührei, Bacon, Schnittlauch und 1 Scheibe Käse drauf, je 1 Prise Salz und Pfeffer drüber. Die restlichen Brotscheiben drauflegen und leicht andrücken.

4 Sandwiches auf das Backblech legen und im Backofen 5–10 Minuten rösten, bis der Käse geschmolzen ist. Diagonal halbieren und herzhaft reinbeißen!

SUPPEN & EINTÖPFE

Suppenkasper ...
... gibt's nur im Märchen!

Du kennst doch bestimmt die Geschichte vom Suppenkasper ... und wie sie geendet hat ... Echt traurig, wo es doch so viele unfassbar köstliche Suppen gibt! Ganz pur, püriert, mit Nüdelchen, Fleisch, Gemüse und, und, und ... Suppen sind so unterschiedlich wie Schneeflocken. So groß die Vielfalt, so groß die Vorteile: Leicht zu kochen und in der Regel wunderbar vorzubereiten. Auch praktisch: Aufgewärmt gleich doppelt lecker. Suppen sind der Burner!

NÜDELCHEN & CO.

Suppennudeln (gleiches gilt für Reis und andere „teigige" Zutaten) nicht direkt in der Brühe, sondern separat kochen und erst vor dem Servieren in die Brühe geben – die Brühe wird sonst trüb und die Einlage matschig!

DAS SALZ IN DER SUPPE

Suppe besser immer erst zum Schluss salzen – sie wird beim Einkochen immer salziger!

KEIN HAAR IN DER SUPPE!

UNSERE SUPPEN LÖFFELST DU AUS

Suppen sind kein richtiges Essen? Au Mann ... dein zweiter Vorname muss Suppenkasper sein ... Überhaupt gibt es gar nicht die Suppe, aber das wirst du auch noch lernen! Es gibt sie klar, mit Einlage, püriert, gebunden oder mit Stücken – Suppen sind die totalen Multitalente. Wirst schon sehen ...

SUPPE ODER EINTOPF, DAS IST HIER DIE FRAGE

Ist das nicht das gleiche? No, Sir! Aber die Abgrenzung ist gar nicht so eindeutig. Versuchen wir es mal: Suppen sind eher flüssiger, Eintöpfe eher gehaltvoller und stückiger. Aber dann gibt es ja auch noch „Suppentöpfe", Suppen mit jeder Menge Einlage, und Eintöpfe, die etwas flüssiger sind. Ganz schön kompliziert, aber irgendwie auch egal: Hauptsache es schmeckt, oder? Der Einfachheit halber bezeichnen wir im Folgenden alles als Suppe.

SUPPE IST NICHT GLEICH SUPPE

Grundlage einer jeden Suppe ist eine schöne **Brühe!** Diese ist geschmacklich an sich schon der Hit, noch köstlicher und vor allem sättigender wird sie mit einer leckeren Einlage. Schön cremig oder schaumig sind **pürierte Suppen.** Ihre Konsistenz erhalten sie durch Pürieren der gekochten Zutaten mit einem Pürierstab oder Stabmixer, oft kommt noch ein guter Schuss Sahne mit dazu – dann wird's besonders schaumig! Hauptzutat pürierter Suppen ist Gemüse. Kein Wunder: Suppen mit Fleisch wären nach dem Pürieren eine faserige braune Masse – nicht so appetitlich. Hier bleibt der Stabmixer also lieber im Schrank und man hat dafür ein bisschen was zu beißen auf dem Löffel. Eine dickere Konsistenz haben auch **gebundene Suppen.** Wie du Suppen binden kannst, steht im folgenden Kasten.

DICK ODER DÜNN

Wie kann man Suppen binden?

MEHLBUTTER: Etwas weiche Butter mit der gleichen Menge Mehl verkneten, unter die fertige Suppe rühren und noch einmal aufkochen lassen.

MEHLSCHWITZE: Hat schon Oma so gemacht – mehr dazu auf S. 62.

SPEISESTÄRKE: Stärke mit etwas Wasser verrühren und unter die fertige Suppe rühren.

BRÜHE VERSUS FOND

Ganz platt gesagt ist eine **Brühe** das Kochwasser von Gemüse, Fleisch oder was auch immer im Wasser gekocht wird. Dieses ist die perfekte Basis für eine Suppe – im Gegensatz zu Wasser hat die Brühe nämlich Geschmack! Klar, wenn es mal schnell gehen muss, tun's zur Not auch Brühwürfel, gekörnte Brühe oder fertige Brühe aus dem Supermarkt. Echte Suppenfans schwören jedoch völlig zurecht auf selbst gemachte Brühe aus Knochen, Fleisch, Fisch, Karkassen, Meeresfrüchten oder Gemüse (vgl. S. 42 f.). Koch einfach einen großen Topf voll Brühe und frier sie portionsweise ein – dann bist du immer gerüstet!

Ein **Fond** ist eine Brühe, die länger eingekocht wird und dadurch intensiver schmeckt. Die Zutaten sollen dabei möglichst viel Geschmack an die Flüssigkeit abgeben. Im Vergleich zu Brühen sind die Zutaten daher nach dem Kochen ziemlich ausgelaugt – geschmacklich also eher mau. Fonds dienen auch als Basis für Saucen.

SUPPENEINLAGEN

Einlagen sind Zutaten, mit denen man eine Suppe aufpeppen, die man dort „einlegen" kann. Alte Bekannte für klare Brühen, die schon im Suppentopf von Oma ein Hit waren, sind Pfannkuchenstreifen (Frittaten bzw. Flädle), Grießklößchen, Eierstich, Suppennudeln, Semmel- und Leberknödel, Würstchen und Backerbsen. Lecker für Cremesuppen: Räucherlachsstreifen, Räucherforelle, Krabben, geröstete Pinien-, Kürbis- oder Sonnenblumenkerne, gebratene Speck- oder Schinkenwürfel, getrocknete Tomaten oder geriebener Käse – und natürlich: frisch gehackte Lieblingskräuter! Wer's lieber leicht und pflanzlich in der Suppe mag, der muss sich nicht auf gehackte Petersilie, Dill oder Schnittlauchröllchen beschränken. Gemüsenudeln sind DER Trend in der Küche! Kinderleicht mit einem Spiralschneider herzustellen, superlecker und gesund. Und ganz nebenbei sehen sie auch noch richtig gut aus!

SUPPENGRÜN – DAS PRAKTISCHE GEMÜSE-SET

Es gibt 4 Zutaten, die man für (fast) jede gute Suppen(grundlage) braucht: Knollensellerie, Möhre, Lauch, Petersilie. Man benötigt aber weder eine komplette Sellerieknolle noch eine ganze Stange Lauch. Also hatte mal jemand die tolle Idee, diese „4 für die Suppe" portionsweise so geschnippelt als Paket anzubieten, wie man sie für seine Suppe braucht. In der Regel sind dies: ein mittelgroßes Stück Sellerie, ½ Lauchstange, 1–2 Möhren und ein paar Stängel Petersilie. Das heißt dann im Supermarkt „Suppengrün" oder „Suppengemüse". Praktisch, nicht?

WAS HAT PRIO?

- Kommt es dir primär auf die Brühe an? Dann setz die Zutaten im kalten Wasser auf; noch kräftiger: Zutaten vorher anrösten.

- Das Fleisch soll schön saftig bleiben? Gib es erst ins kochende Wasser – so machen die Poren dicht!

- Das Gemüse soll später mit in die Suppe? Gib es erst 20–30 Minuten vor Ende der Garzeit in die Brühe.

HÜHNERSUPPE MIT NUDELN
OMAS WUNDERWAFFE BEI GRIPPE

FÜR 4, DIE SICH WAS GUTES TUN WOLLEN

FÜR DIE BRÜHE:
1 küchenfertiges Suppenhuhn
  (ca. 1,6 kg)
Salz
1 Bund Suppengrün
1 Lorbeerblatt
8 Pfefferkörner
4 Pimentkörner
Pfeffer

FÜR DIE EINLAGE:
200 g Suppennudeln
Salz
3 Möhren
1 Bund glatte Petersilie
150 g TK-Erbsen

Zubereitungszeit: ca. 2 Stunden

1 Hühnerbrühe zubereiten wie auf S. 43 beschrieben. Wenn sie fertig ist, das Huhn aus der Suppe nehmen und abkühlen lassen. Brühe durch ein Sieb in einen anderen Topf gießen. Dann ist Handarbeit gefragt: Mit den Fingern das Hühnerfleisch von den Knochen lösen, auch die Haut kommt weg. Fleisch in Würfel schneiden.

2 Für die Einlage Nüdelchen separat in reichlich Salzwasser nach Packungsanweisung garen, dann abgießen. Möhren putzen, schälen und in Stifte oder Scheiben schneiden. Petersilie waschen, trocken schütteln und die Blätter fein hacken.

3 Die Brühe noch mal aufkochen. Möhren darin etwa 5 Minuten bei mittlerer Hitze kochen, dann die Erbsen dazu und alles weitere 5 Minuten kochen. Zuletzt kommt das Hühnerfleisch in den Topf, alles mit Salz und Pfeffer abschmecken. 1 Löffel Suppennudeln in jeden Teller, Suppe drüber und mit Petersilie bestreuen. Mmmhhhh ...

AROMATISCHE TOMATENSUPPE
NIE MEHR AUS DER TÜTE

FÜR 4 ALS SNACK

1,3 kg Tomaten
3 Knoblauchzehen
10 Stängel Thymian
6 El Olivenöl

100 g saure Sahne
Salz
Pfeffer

Zubereitungszeit: ca. 30 Minuten

1 Backofen auf 220 °C (besser keine Umluft) vorheizen. Tomaten waschen, trocken reiben und Stielansätze rausschneiden. Ein Backblech mit Backpapier belegen, Tomaten darauf verteilen. Knoblauch schälen. Thymian waschen, trocken schütteln und die Blättchen abstreifen. Beides zu den Tomaten geben. Olivenöl drüberträufeln und alles gut vermischen. Ab in den Ofen damit für ca. 15 Minuten.

2 Tomaten aus dem Ofen holen und in ein hitzebeständiges Gefäß umfüllen. Mit saurer Sahne und 50 ml Wasser zu einer cremigen Suppe pürieren. Mit Salz und Pfeffer abschmecken. Lecker dazu: knuspriges Oliven-Ciabatta!

DIE PERFEKTE SUPPENTOMATE

Top für Tomatensuppe: Tomaten mit wenig Kernen und viel Fruchtfleisch wie die Roma-Tomate.

KARTOFFELSUPPE
KLASSISCHER GEHT'S NICHT

FÜR 4, DIE GERNE WIE BEI OMA ESSEN

750 g Kartoffeln	1 l Gemüsebrühe
2 Zwiebeln	4 geräucherte Mettwürste
1 Stange Lauch	½ Bund Petersilie
1 Möhre	Salz
50 g geräucherter fetter Speck	weißer Pfeffer

Zubereitungszeit: ca. 1 Stunde 15 Minuten

1 Kartoffeln schälen, waschen und in Würfel schneiden. Zwiebeln schälen und klein würfeln. Lauch putzen, gut waschen und in Ringe schneiden. Möhre putzen, schälen und in Scheiben schneiden.

2 Speck würfeln, dann in einem Topf auslassen – also den Speck in einen Topf geben, diesen erhitzen, dann tritt nach und nach das Fett aus dem Speck aus. Wenn das passiert ist, Zwiebeln und Lauch dazugeben und in dem Fett 5 Minuten glasig braten. Gemüsebrühe, Kartoffeln und Möhren dazugeben, alles verrühren, dann zugedeckt 45 Minuten bei schwacher Hitze kochen lassen. Etwa 15 Minuten vor Ende die Mettwürste auflegen und gar ziehen lassen.

3 Petersilie waschen, trocken schütteln und die Blätter fein hacken. Die Suppe (wer's stückiger mag nur die Hälfte der Suppe) aus dem Topf schöpfen und pürieren, dann zurück in den Topf schütten. Mit Salz und Pfeffer abschmecken. Petersilie dazu, fertig!

AUFKOCHEN, KÖCHELN, KOCHEN

Noch 'ne Portion Küchenlatein:
- **Aufkochen** = erhitzen, bis es richtig kocht
- **Köcheln** = schwach brodelnd; knapp unter 100 °C; schwache oder mittlere Hitze (je nach Herd)
- **Kochen** = kräftig blubbernd; ab 100 °C

ERBSENSUPPE
WAS FÜR KALTE WINTERABENDE

FÜR 4 GUTE ESSER

300 g getrocknete Erbsen	2 El Öl
300 g Bauchspeck	100 g Knollensellerie
200 g Lauch	500 ml Fleisch- oder
100 g Möhren	Gemüsebrühe
300 g Kartoffeln	Salz
2 Lorbeerblätter	Pfeffer
2 Zwiebeln	500 g Mettwürste

Zubereitungszeit: ca. 2 Stunden (plus ca. 8 Stunden Einweichzeit)

1 Erbsen in einen Topf geben, mit 1 l Wasser bedecken und über Nacht einweichen. Am nächsten Tag auf den Herd damit und zum Kochen bringen. Temperatur auf mittlere Hitze runterschalten und die Erbsen 30 Minuten kochen lassen. Nach 30 Minuten den Speck im Ganzen dazugeben und die Suppe weitere 30 Minuten bei schwacher Hitze köcheln lassen.

2 Inzwischen den Lauch putzen, gründlich waschen und in dünne Ringe schneiden. Möhren putzen und schälen. Kartoffeln schälen und waschen. Beides in kleine Würfel schneiden. Wenn die 30 Minuten rum sind, alles mit den Lorbeerblättern zu den Erbsen geben.

3 Zwiebeln schälen und fein würfeln. Öl in einer Pfanne erhitzen, Zwiebel darin bei mittlerer Hitze anschwitzen, dann ebenfalls ab damit in den Suppentopf. Sellerie schälen und im Ganzen in die Suppe geben. Brühe dazugießen und alles noch mal etwa 30 Minuten köcheln lassen.

4 Sellerie, Lorbeerblätter und Speck aus dem Topf fischen. Suppe mit einem Kartoffelstampfer etwas zerdrücken und mit Salz und Pfeffer abschmecken. Rausgefischten Speck würfeln und mit den Mettwürsten in die Suppe geben. Suppe noch mal ca. 30 Minuten auf kleiner Flamme ziehen lassen, dabei ab und zu umrühren. Die Suppe ist perfekt, wenn die Erbsen weich, aber noch bissfest sind.

SUPER-BRÜHEN-SPECIAL

Zugegeben – es braucht ein bisschen Zeit, aber lohnt sich total: Brühe selber machen. Die Vorteile liegen auf der Hand: Du weißt genau, was drin ist und vor allem, was nicht. Und günstiger ist es auch!

Mach am besten direkt einen großen Topf voll, dann bleibt was übrig zum Einfrieren.

SUPPENKONZENTRAT

FÜR 4 GLÄSER À CA. 200 ML 2 Knoblauchzehen | 100 g Zwiebeln | je 100 g Möhren, Staudensellerie, Petersilienwurzel und Lauch | 4 Zweige Lieblingskräuter (oder ein bunter Mix davon) | 100 g getrocknete Tomaten | je 1 Tl Oregano, Majoran und geschroteter Pfeffer | 30 g Meersalz | 2 El Olivenöl | 30 ml trockener Weißwein

Zubereitungszeit: ca. 45 Minuten

1 Knoblauch und Zwiebeln schälen. Möhren, Staudensellerie, Petersilienwurzel und Lauch putzen, waschen und grob zerkleinern. Kräuter waschen, trocken schütteln und die Blätter abzupfen. Alles zusammen mit den getrockneten Tomaten, Oregano, Majoran und Pfeffer im Blitzhacker fein zerkleinern. Meersalz unterrühren.

2 Öl in einem Topf erhitzen, Gemüsemischung und Weißwein dazu und alles ca. 20 Minuten bei mittlerer Hitze offen köcheln lassen – dabei ab und zu umrühren. Anschließend die ganze Chose mit einem Stabmixer fein pürieren.

3 Das Konzentrat heiß in 4 sterilisierte Schraubgläser à ca. 200 ml füllen, verschließen und abkühlen lassen. Im Kühlschrank aufbewahren (hält ein paar Wochen).

Zum Verwenden einfach 1–2 El Konzentrat in 500 ml heißes Wasser geben und auflösen.

YEAH!!

RINDERBRÜHE

FÜR CA. 2,5 LITER BRÜHE 500 g Rinderknochen | 1 Bund Suppengrün | 500 g Suppenfleisch vom Rind | 1 Lorbeerblatt | 8 Pfefferkörner | 2 Nelken | Salz | Pfeffer

Zubereitungszeit: ca. 10 Minuten (plus ca. 1 ½ Stunden Garzeit)

1 Rinderknochen mit 2,5 l Wasser in einen großen Topf geben und zum Kochen bringen. Dabei den Schaum abschöpfen, sonst wird die Brühe trüb.

2 Suppengrün waschen, putzen, wenn nötig schälen und in grobe Stücke schneiden. Zusammen mit Suppenfleisch, Lorbeerblatt, Pfefferkörnern und Nelken in das kochende Wasser geben. Die Temperatur runterschalten und die Brühe 60–90 Minuten bei schwacher Hitze köcheln lassen. Durch ein feines Sieb abgießen, sodass nur noch die klare Brühe übrig bleibt. Salzen und pfeffern.

HÜHNERBRÜHE

FÜR CA. 3 LITER BRÜHE 1 küchenfertiges Suppenhuhn (ca. 1,6 kg) | Salz | 1 Bund Suppengrün | 1 Lorbeerblatt | 8 Pfefferkörner | 4 Pimentkörner | Pfeffer

Zubereitungszeit: ca. 10 Minuten (plus ca. 1 ½ Stunden Garzeit)

1 Suppenhuhn mit 3 l kaltem Wasser und ein wenig Salz in einen großen Topf (klar, sonst passt das Huhn ja nicht rein …) geben und aufkochen lassen, dabei mehrmals den Schaum abschöpfen – sonst wird die Suppe trüb.

2 Suppengrün waschen, putzen, wenn nötig schälen und in grobe Stücke schneiden. Zusammen mit Lorbeerblatt, Pfeffer- und Pimentkörnern in das kochende Wasser geben. Runter mit der Temperatur und die Brühe 60–90 Minuten ganz leicht köcheln lassen. Durch ein feines Sieb abgießen und mit Salz und Pfeffer abschmecken.

GEMÜSEBRÜHE

FÜR CA. 2,5 LITER BRÜHE 2 Zwiebeln | 2 Knoblauchzehen | ½ Knolle Sellerie | 3 Möhren | 2 Petersilienwurzeln | 1 Stange Lauch | 3 El Öl | 2 Lorbeerblätter | 2 Gewürznelken | 1 Handvoll schwarze Pfefferkörner | Salz | Pfeffer

Zubereitungszeit: ca. 10 Minuten (plus ca. 1 Stunde Garzeit)

Zwiebeln, Knoblauch, Sellerie, Möhren, Petersilienwurzeln und Lauch putzen, ggf. waschen, schälen und in grobe Stücke schneiden. Öl in einem großen Topf erhitzen, Gemüse rein und 4–5 Minuten bei mittlerer Hitze anbraten. 2,5 l kaltes Wasser, Lorbeerblätter, Gewürznelken und schwarze Pfefferkörner dazu. Aufkochen, dann alles 1 Stunde bei schwacher Hitze köcheln lassen. Brühe durch ein feines Sieb oder Mulltuch passieren. Mit Salz und Pfeffer abschmecken.

PAPRIKACREMESUPPE
MIT WOW!-AROMA

FÜR 4 MIT MÄSSIGEM SUPPENHUNGER

FÜR DIE SUPPE:
3 große rote Paprikaschoten
½ Gemüsezwiebel
3 El Olivenöl
2 El Tomatenmark
1 El Zuckerrübensirup
½ Tl gemahlene Vanille
400 ml Gemüsebrühe
2 El Sweet-Chili-Sauce
Salz
Pfeffer

FÜR DAS BASILIKUMÖL:
30 g Basilikumblättchen
60 ml Olivenöl
1 Msp. abgeriebene Schale von
   1 unbehandelten Zitrone
1 Prise Zimt
1 Prise Salz
1 Prise Pfeffer

Zubereitungszeit: ca. 35 Minuten

1 Paprikaschoten putzen, waschen und würfeln. Gemüsezwiebel schälen und klein würfeln. Öl in einem Topf erhitzen, Zwiebel darin ca. 5 Minuten bei mittlerer Hitze anbraten. Paprikawürfel dazu und unter Rühren 5 Minuten mitgaren. Tomatenmark und Zuckerrübensirup einrühren. Kurz anschwitzen, dann Vanille und Gemüsebrühe dazu. Alles verrühren, Deckel drauf und 15 Minuten bei schwacher Hitze köcheln lassen, bis das Gemüse weich ist.

2 Für das Basilikumöl Basilikumblätter waschen und trocken tupfen. Mit Öl, Zitronenschale und je 1 Prise Zimt, Salz und Pfeffer in einem hohen Gefäß pürieren. Noch mal mit Salz und Pfeffer abschmecken.

3 Suppe vom Herd nehmen und ebenfalls pürieren. Mit Chili-Sauce, Salz und Pfeffer abschmecken. Die Suppe mit Basilikumöl beträufelt servieren. Lecker dazu: knuspriges Weißbrot!

MÖHRENSUPPE MIT INGWER
DER PERFEKTE SEELENTRÖSTER

FÜR 4 SUPPENKASPER

200 g Lauch
200 g Knollensellerie
1 Schalotte
1 Knoblauchzehe
600 g Möhren
2 El Olivenöl

1 El frisch geriebener Ingwer
1,5 l Gemüse- oder Fleischbrühe
200 ml Sahne
Salz
Pfeffer

Zubereitungszeit: ca. 45 Minuten

1 Lauch putzen, gut waschen und in Ringe schneiden. Sellerie putzen, schälen und fein würfeln. Schalotte und Knoblauch schälen und in dünne Scheiben schneiden. Möhren gründlich waschen, Enden abschneiden und mit Schale fein raspeln.

2 Das Olivenöl in einem großen Topf erhitzen und das Gemüse mit dem Ingwer einige Minuten darin bei mittlerer Hitze weich garen. Die Brühe zugeben und alles ca. 20 Minuten bei schwacher Hitze köcheln lassen.

3 Die Suppe fein pürieren. Die Sahne angießen und die Suppe mit Salz und Pfeffer abschmecken. Noch mal vorsichtig erhitzen, aber nicht mehr kochen lassen, dann servieren.

VARIANTEN:

• Mehr Frische gewünscht? Kein Problem: Einfach noch einen geraspelten säuerlichen Apfel mit den Möhren dazugeben. Und/oder: 120 g Joghurt mit 1 El Honig und 1 El Zitronensaft verrühren und die Suppe damit toppen.

• Auch lecker: Kürbis statt Möhren – und obendrauf einen Schuss Kürbiskernöl!

CHAMPIGNONCREMESUPPE
DA KANN DIE TÜTENSUPPE EINPACKEN

FÜR 4 ALS VORSPEISE

25 g getrocknete Steinpilze	abgeriebene Schale von
1 Zwiebel	½ unbehandelten Zitrone
1 Knoblauchzehe	850 ml Gemüsebrühe
2 Zweige frischer Thymian	Salz
600 g weiße Champignons	Pfeffer
50 g Butter	200 g Crème fraîche

Zubereitungszeit: ca. 30 Minuten

1 Steinpilze mit 150 ml kochendem Wasser übergießen und 10 Minuten ziehen lassen. Zwiebel und Knoblauch schälen und fein würfeln. Thymian waschen, trocken schütteln, Blättchen abzupfen. Champignons mit Küchenkrepp abreiben, Stielenden abschneiden und die Pilze in dünne Scheiben schneiden.

2 Die Hälfte der Butter in einem Topf erhitzen und Zwiebel, Knoblauch, Thymian und Zitronenabrieb ca. 3 Minuten darin bei mittlerer Hitze anbraten. 400 g von den Champignons, Steinpilze samt Einweichwasser (das vorher am besten durch ein feines Sieb gießen, falls von den Steinpilzen noch Sand oder Erde drin ist) und Brühe dazu und alles ca. 15 Minuten bei schwacher Hitze köcheln lassen.

3 Restliche Butter in einer Pfanne erhitzen und restliche Champignons darin braten – sie sollen ruhig schön Farbe annehmen. Nach ein paar Minuten sind sie gar und können mit Salz und Pfeffer gewürzt werden.

4 Suppe pürieren, Crème fraîche einrühren, noch mal 2 Minuten köcheln lassen und mit Salz und Pfeffer abschmecken. Die gebratenen Champignons drüber – fertig!

KARAMELLISIERTE LAUCHSUPPE
WENIG AUFWAND, VIEL GESCHMACK

FÜR 4 VORSPEISEN-HUNGRIGE

500 g Lauch	700 ml heiße Gemüsebrühe
4 El Butter	4 El Schmand
4 El Zucker	½ Tl Salz
200 ml Weißwein	1 Msp. Pfeffer

Zubereitungszeit: ca. 35 Minuten

1 Lauch putzen, gründlich waschen und in feine Ringe schneiden. Butter in einem Topf schmelzen, Lauchringe darin 5 Minuten anbraten. Zucker drüberstreuen und bei mittlerer Hitze schmelzen lassen (so entsteht der Karamell).

2 Zucker geschmolzen? Dann mit dem Lauch vermischen und mit Weißwein ablöschen (heißt: Weißwein dazu und den Bratensatz lösen). Den Wein kurz einkochen lassen, dann Brühe, Schmand, Salz und Pfeffer zugeben. Deckel drauf und die Suppe bei mittlerer Hitze 15 Minuten köcheln lassen. Nur noch einmal durchrühren und ab auf den Tisch damit!

LIEBER OHNE ALKOHOL?

Einfach zusätzliche Brühe statt Weißwein nehmen und das Lauch-Zucker-Gemisch mit der ganzen Brühe ablöschen!

FISCHSUPPE MIT FENCHEL
SCHMECKT NACH MEER

FÜR 4 MIT SUPPENHUNGER

1 Knoblauchzehe	500 ml Gemüsebrühe
1 Zwiebel	Salz
1 Bund Frühlingszwiebeln	Pfeffer
2 Knollen Fenchel	500 g gemischte Fischfilets
2 El Olivenöl	(z. B. Rotbarsch, Seelachs,
400 g geschälte Tomaten	Kabeljau)
aus der Dose	1–2 El Zitronensaft

Zubereitungszeit: ca. 25 Minuten

1 Zuerst kümmern wir uns ums Gemüse: Knoblauch und Zwiebel schälen, beides fein würfeln. Frühlingszwiebeln putzen, waschen und schräg in Ringe schneiden. Fenchel waschen, dann putzen (das Grün nicht entsorgen, sondern hacken und beiseitelegen). Von oben nach unten mittig durchschneiden und den Strunk keilförmig rausschneiden, dann den Fenchel in schmale Streifen schneiden.

2 Olivenöl in einem Topf erhitzen, Knoblauch und Zwiebel darin glasig anschwitzen. Frühlingszwiebeln und Fenchel dazu und kurz anbraten. Dosentomaten grob in Stücke schneiden und mitsamt dem Tomatensaft und der Gemüsebrühe ab in den Topf. Bei mittlerer Hitze 10 Minuten köcheln lassen, dann mit Salz und Pfeffer würzen.

3 Fischfilets in Würfel schneiden. Mit Zitronensaft beträufeln. Nach 10 Minuten in die Suppe geben, vorsichtig etwas unterheben und 5–6 Minuten (je nach Dicke der Fischstücke) gar ziehen lassen. Zum Schluss das Fenchelgrün drüberstreuen und schon kann die Suppe serviert werden!

KOKOSSUPPE MIT GARNELEN
SOOOO ... AROMATISCH!

FÜR 4 HUNGRIGE MIT FERNWEH

½ rote Chilischote	300 g Zuckerschoten
50 g frischer Ingwer	16 küchenfertige Garnelen
3 Stängel Zitronengras	4 El Fischsauce
2 El Erdnussöl	1 Spritzer Limettensaft
1 Tl rote Currypaste	1 Prise brauner Zucker
1 l Hühnerbrühe	Salz
400 ml Kokosmilch	
250 g kleine braune	
Champignons	

Zubereitungszeit: ca. 35 Minuten

1 Chili halbieren, entkernen und je nachdem, wie scharf du es magst, die Trennwände herausschneiden (darin steckt nämlich die meiste Schärfe!). Dann waschen und fein würfeln – dabei am besten dünne Gummihandschuhe tragen, damit die Schärfe nur in der Suppe und nicht an den Händen und in den Augen landet ... Ingwer schälen und klein würfeln. Zitronengras waschen, das untere Ende abschneiden, äußere harte Halme entfernen und die Stängel mit dem Messerrücken faserig aufbrechen.

2 Erdnussöl in einem Topf oder Wok erhitzen, Chili und Ingwer rein und ein paar Minuten bei mittlerer Hitze weich garen. Zitronengras und Currypaste dazu, einige Minuten mitgaren. Dann Brühe und Kokosmilch dazugießen und alles bei mittlerer Hitze etwa 15 Minuten köcheln lassen.

3 Inzwischen Champignons mit Küchenkrepp abreiben, Stielenden abschneiden. Zuckerschoten waschen. Beides halbieren und zusammen mit den Garnelen in die Suppe geben. 5 Minuten mitgaren.

4 Zitronengras aus der Suppe fischen, das hat seinen Einsatz jetzt hinter sich. Suppe mit Fischsauce, Limettensaft, braunem Zucker und eventuell Salz abschmecken.

ROTE-LINSEN-SUPPE
FLOTT GEMACHT UND EINFACH LECKER

FÜR 4 MITTELHUNGRIGE

1 Zwiebel	250 g rote Linsen
1 Knoblauchzehe	1 l Gemüsebrühe
2 Möhren	Salz
2 El Rapsöl	Pfeffer
1 Tl gemahlener Kreuzkümmel	50 g Haselnüsse

Zubereitungszeit: ca. 20 Minuten

1 Zwiebel und Knoblauch schälen und fein würfeln. Möhren putzen, schälen und in Scheiben schneiden. Öl in einem großen Topf erhitzen und Zwiebel und Knoblauch glasig anschwitzen, d. h. bei kleiner Hitze garen, sodass sie kaum Farbe annehmen. Kreuzkümmel dazu und kurz mitgaren.

2 Linsen in einem Sieb waschen, abtropfen lassen und zusammen mit Möhren und Gemüsebrühe in den Topf geben. Alles aufkochen und bei kleiner Hitze ca. 15 Minuten köcheln lassen.

3 Suppe mit einem Stabmixer pürieren und mit Salz und Pfeffer abschmecken. Haselnüsse grob hacken (wenn du magst, in einer Pfanne ohne Fett anrösten, dann schmecken sie besonders aromatisch) und die Linsensuppe damit bestreuen.

SÜSSKARTOFFELSUPPE
BRINGT SONNE IN TRÜBE TAGE

FÜR 4 MIT KLEINEM SUPPEN-HUNGER

1 Zwiebel	30 g Kürbiskerne
1 Knoblauchzehe	abgeriebene Schale von
2 mittelgroße Süßkartoffeln	1 unbehandelten Zitrone
2 Möhren	Salz
2 El Rapsöl	Pfeffer
1 Tl gemahlener Koriander	1–2 El Kürbiskernöl
1 l Gemüsebrühe	

Zubereitungszeit: ca. 40 Minuten

1 Zwiebel und Knoblauch schälen und fein würfeln. Süßkartoffeln waschen und schälen. Möhren putzen und schälen. Beides in grobe Stücke schneiden.

2 Öl in einem großen Topf erhitzen, Zwiebel und Knoblauch darin bei mittlerer Hitze anbraten. Süßkartoffeln, Möhren und gemahlenen Koriander dazu und kurz anbraten. Gemüsebrühe dazugießen und alles bei kleiner Hitze ca. 20 Minuten köcheln lassen, bis das Gemüse weich ist.

3 Inzwischen Kürbiskerne in einer Pfanne ohne Fett kurz anrösten – nicht zu heiß, damit sie nicht verbrennen, und fleißig rühren. Suppe mit dem Stabmixer fein pürieren. Mit Zitronenschale, Salz und Pfeffer abschmecken. Suppe auf den Teller, ein paar Kürbiskerne und ein paar Tropfen Kürbiskernöl drüber – fertig!

SUPER PFLEGELEICHT!

Rote Linsen sind voll bequem zuzubereiten: Sie müssen nicht wie andere Linsensorten eingeweicht werden und sind ruck, zuck gar.

FLEISCH & GEFLÜGEL

Fleisch ist dein Gemüse?
Bitte schön!

Ganz klar, so ein richtiger Superheld braucht
von Zeit zu Zeit ein kräftiges Stück Fleisch.
Gibt ja schließlich Power und Energie – und das ist
auf dem beschwerlichen Weg zum Cooking Hero
weiß Gott vonnöten. Aber Fleisch ist nicht gleich Fleisch.
Und falsch zubereitet kannst du selbst das schönste
Fleisch totbraten, glaub es mir ... Aber keine Panik:
Ich zeig dir, wie das garantiert nicht passiert!

DAMIT DU NICHT VOM FLEISCH FÄLLST!

WERDE ZUM FLEISCHFLÜSTERER

Ob Rind, Schwein, Lamm oder Geflügel, kurzgebraten oder geschmort, als Hack oder Wurst – Fleisch ist schon was Feines! Das Wichtigste dabei: Qualität, Qualität, Qualität! Und genauso wichtig: die richtige Behandlung. Wenn du einen Preis für das zäheste Fleisch ever bekommen möchtest, kannst du die Superhelden-Bibel jetzt zuschlagen. Willst du aber zum Fleischflüsterer werden, lies weiter. Deine Entscheidung …

BRATEN, SCHMOREN, KURZBRATEN? WIE, WAS UND WIE LANGE?

Welches Fleisch wofür? Und warum? Also, es ist so: Im Grunde besteht Fleisch aus Muskeln und Bindegewebe. Und je nachdem, wie diese Muskeln und das Gewebe beschaffen sind, verhält sich das Fleisch. Die Muskeln eines jungen Tieres, z. B. eines Kalbs, sind noch nicht vollständig entwickelt und mussten noch nicht so viel arbeiten in ihrem kurzen Leben, daher sind die Muskelfasern eher fein und zart und somit ist es auch das Fleisch. Eignet sich gut zum Kurzbraten. Oder andersherum: Die Schulter von einem älteren Schwein hat schon richtig viel geackert – also sind die Fleischfasern fest und stärker verbunden. So ein Stück gäbe dann ein ziemlich zähes Steak ab, dafür aber einen saftigen Braten, wenn es schön lange geschmort wird. Dann verwandelt sich das feste Bindegewebe nämlich nach und nach in Gelatine und macht das Fleisch herrlich mürbe. Grundregel also: zartes Fleisch zum Kurzbraten – schmort man es zu lange, wird es zäh. Bei kräftigerem Muskelfleisch ist es genau umgekehrt. Mehr dazu in unserer kleinen Tierkunde auf S. 51 f.

KURZBRATEN WIE DIE PROFIS

Beim Kurzbraten werden Fleischscheiben in einer Pfanne mit Fett gegart, mit ordentlich Hitze, wie zum Beispiel Steaks. Und so wird dein Steak perfekt:

- Für Steak geeignetes Fleischstück (siehe „Kleine Tierkunde", S. 51 f.) vom Rind, Kalb, Schwein, Lamm oder Geflügel besorgen, mindestens 2, maximal 4 cm dick.
- 1 Stunde vor dem Braten raus aus dem Kühlschrank; das Fleisch soll beim Braten Raumtemperatur haben, sonst kriegt es beim Braten einen „Temperaturschock" und wird vor Wut zäh wie Leder.
- Fettränder einschneiden – nicht abschneiden, die geben dem Fleisch nämlich richtig schön Saft.
- Pfanne auf höchster Stufe vorheizen.
- Hitzebeständiges Fett dazu, z. B. Sonnenblumenöl, raffiniertes Raps- oder Olivenöl oder Butterschmalz.
- Steak rein und kräftig anbraten – es soll und darf zischen! Die Zeit und die Temperatur hängen davon ab, wie du dein Steak am liebsten isst (siehe Tipp links).

VON BLUTIG BIS GUT DURCH

Für ein Steak von 200 g/3 cm Dicke gilt:

- **Blutig (rare):** innen roh, außen eine dünne braune Kruste; auf jeder Seite 1 Minute bei starker Hitze scharf anbraten, dann bei niedriger Hitze jede Seite noch mal 1 Minute.

- **Englisch (medium rare):** im Kern roh, um den Kern herum rosa, außen eine braune Schicht; auf jeder Seite 2 Minuten bei starker Hitze anbraten, dann bei niedriger Hitze jede Seite noch mal knapp 1 Minute.

- **Rosa (medium):** rosafarbener Kern, nach außen hin durchgebraten; auf jeder Seite 3 Minuten bei mittlerer Hitze braten. Idealer Wendezeitpunkt: wenn an der Oberfläche Fleischsaft auszutreten und zu gerinnen beginnt.

- **Durchgebraten (well done):** völlig durchgebraten; auf jeder Seite 5 Minuten bei mittlerer Hitze braten.

- Umdrehen – dabei nicht mit einer Gabel reinstechen, sonst läuft der wertvolle Fleischsaft raus und das Fleisch wird zäh.
- Fertig gebraten? Dann salzen und pfeffern. Und: Steak noch ein paar Minuten mit Alufolie bedeckt auf einem vorgewärmten Teller ruhen lassen, dann verteilt sich der Fleischsaft schön gleichmäßig.

SCHMOREN WIE DIE PROFIS

Kurzbraten geht ruck, zuck – Schmoren dauert! Denn das Fleisch gart dabei mit ein bisschen Flüssigkeit bei niedriger Temperatur ganz gemächlich vor sich hin. Schmoren ist die Garmethode der Wahl bei dicken Fleischstücken, wie dem guten alten Sonntagsbraten, aber auch bei durchwachsenen, nicht so zarten Fleischstücken wie beispielsweise Gulasch. In Kurzform geht Schmoren so:

- In einem Bräter oder Topf mit schwerem Boden hitzebeständiges Fett erhitzen, Fleischstück(e) rundherum anbraten. Je nach Fleischmenge eventuell portionsweise; immer nur so viel Fleisch rein, dass alle Stücke möglichst viel Kontakt zum Topfboden haben. Das gibt den leckeren Röstgeschmack!
- Flüssigkeit (Wasser, Brühe und/oder Wein) dazu, Gewürze und Gemüse nach Rezept. Deckel drauf, ein paar Stunden auf dem Herd oder im Ofen schmoren lassen.

KLEINE TIERKUNDE

Rind & Kalb

„Rind" ist der Sammelbegriff für männliche, weibliche, alte und junge Tiere. Je nach Geschlecht und Alter nennt man sie dann Kalb, Färse, Jungbulle, Ochse, Bulle oder Kuh. Kälber können Männlein oder Weiblein sein, aber heißen so nur bis zum ersten Geburtstag. Kälber werden meist im Alter von 3–4 Monaten geschlachtet und haben zartes fettarmes, eiweißreiches Fleisch. Gutes Rindfleisch ist dunkelrot und hat eine glänzende Schnittfläche und feine Fasern.

Die verschiedenen Stücke vom Rind eignen sich entweder zum Kurzbraten, Schmoren oder zum Kochen. Zum Kurzbraten nimmt man die feinen Stücke aus dem Filet (Filetsteak, Chateaubriand, Tournedo), Rücken (Entrecote, Rumpsteak, Porterhouse-Steak, T-Bone-Steak, Roastbeef) oder der Hüfte (Hüftsteak).

PERFEKT GEGART MIT DER FINGERPROBE

Zeigefinger und Daumen von Hand 1 zusammenführen (nicht pressen!) und mit einem Finger der anderen Hand auf den Handballen unterhalb des Daumens drücken – so fühlt sich ein Steak an, wenn es *rare* ist. Mittelfinger und Daumen = *medium rare*. Ringfinger und Daumen = *medium*. Kleiner Finger und Daumen = *well done*.

Durchwachsenere Stücke, die länger schmoren müssen, dafür dann aber zart und saftig werden, kommen aus Brust und Hochrippe (Schmorbraten, Sauerbraten), Schulter/Bug (falsches Filet, Ragout), Rücken (Roastbeef, Gulasch), Hüfte (Tafelspitz, Gulasch), Oberschale, Unterschale, Nuss/Kugel (Rouladen, Schmorbraten) und der Schwanzrolle/Ochsenschwanz (Braten, Ragout).

Sehnigeres Fleisch aus Querrippe, Vorderbein, Spannrippe, Hinterbein und Ochsenschwanz ist zwar nicht so attraktiv als Steak oder Gulasch, aber lange gekocht ein prima Geschmacksgeber für Brühen, Suppen und Eintöpfe.

Schwein

Das Hausschwein ist der Deutschen liebster Fleischlieferant. Die eher fetten, durchwachsenen Stücke (z. B. Bauch, Nacken) werden zu deftigen Gerichten, die mageren Stücke passen auch in die feine Küche. Gut zum Kurzbraten: Filetsteak, Medaillons, Kotelett aus dem Rücken, Schnitzel aus Hüfte, Ober-/Unterschale. Und zum Schmoren/Braten: Dicke Rippe, Schulter (Braten, Gulasch), Hüfte/Oberschale (Rouladen, Gulasch).

Lamm

Lämmer werden meist im Alter von 3–4 Monaten, maximal mit 12 Monaten geschlachtet – danach darf es nicht mehr Lammfleisch heißen. Lammfleisch schmeckt fein-würzig und man kann es kurzbraten (z. B. Kotelett, Medaillon aus dem Rücken, Steak aus der Keule) oder schmoren/braten (z. B. Keule, Schulter, Brust, Haxe).

Geflügel

Geflügel ist der Sammelbegriff für Vögel, die als Nutztiere gezüchtet werden: Hühner (inkl. Perlhühner, Truthähne), Gänse, Puten, Enten. Am beliebtesten ist das Huhn. Geflügel kann man kurzbraten (Brust, Keule) oder im Ganzen schmoren/braten.

AUGEN AUF BEIM FLEISCH-KAUF

Generell gilt:

- Frisches Fleisch ist fast geruchlos. Und sieht lecker und appetitlich aus.
- Fleisch sollte keinen Saft verlieren.
- Schöne Marmorierung: feine Fettadern = viel Geschmack, zart, saftig
- Fleisch sollte fest sein und sich nicht leicht eindrücken lassen.
- Frischer Glanz, bloß nicht schmierig!
- Am besten Fleisch aus artgerechter Tierhaltung/Bio-Fleisch kaufen – besser für Tier und Umwelt und die eigene Gesundheit (konventionelles Fleisch enthält häufig Rückstände von Antibiotika und Hormonen).
- Spezialfall Hack: Hack wird schneller schlecht als andere Fleischstücke. Daher: Hack nach dem Einkauf nicht lange mit sich rumtragen, sondern schnell in den Kühlschrank damit. Und dann am selben Tag ab in die Pfanne.

WIENER SCHNITZEL
ES KANN NUR EINES GEBEN

FÜR 4 KLASSIKER-FANS

4 Kalbsschnitzel (à 150 g)
Salz
Pfeffer
50 g Mehl
200 g Semmelbrösel
2 Eier
100 g Butterschmalz

Zubereitungszeit: ca. 25 Minuten

1 Ein perfektes Wiener Schnitzel ist schön dünn und hat eine knusprige, goldbraune Panade. Wie man das hinkriegt? So: Schnitzel mit Küchenkrepp trocken tupfen. Zwischen 2 Lagen Frischhaltefolie legen und mit einem Fleischklopfer (eine Bratpfanne tut's auch) flach klopfen, bis das Fleisch gleichmäßig 2–3 mm dick ist. Folie weg und Schnitzel von beiden Seiten salzen und pfeffern.

2 Mehl und Semmelbrösel jeweils auf einen flachen Teller streuen. Eier in einem tiefen Teller verquirlen. Schnitzel zuerst in Mehl wenden, sodass es überall von einer dünnen Mehlschicht überzogen ist. Dann beidseitig durch die Eier ziehen, die Schnitzel sollen überall mit Ei bedeckt sein – denn das ist der Kleber für die Semmelbrösel! Darin werden die Schnitzel nun ausgiebig gewendet. Dabei die Brösel leicht andrücken, aber auch nicht zu fest, sonst wird die Panade matschig. Lose Brösel vorsichtig abklopfen.

3 Butterschmalz in 2 Pfannen auf mittlerer Stufe erhitzen. Schnitzel darin von einer Seite ca. 3 Minuten braten, dabei mehrmals mit Butterschmalz übergießen – dann wird die Panade schön wellig und knusprig, wie es sich für ein perfektes Wiener Schnitzel gehört. Schnitzel wenden, auf der zweiten Seite ebenfalls 3 Minuten braten. Herausnehmen und kurz auf Küchenkrepp abtropfen lassen.

 **Dazu passen Bratkartoffeln (S. 103) oder Pommes (S. 109)**

 **Auch lecker: Kartoffelsalat (S. 28/29) oder gemischter Blattsalat**

NUR ECHT MIT KALB

Das echte Wiener Schnitzel ist aus Kalbfleisch. Wenn irgendwo „Schnitzel Wiener Art" auf der Speisekarte steht, ist das meistens ein paniertes Schweineschnitzel – das ist aber gar nicht schlimm! Nur eben nicht ganz so fein. Für unser Rezept kann man also auch genauso gut Schweineschnitzel nehmen.

ZITRONENHÄHNCHEN
FLOTT UND PFIFFIG

FÜR 4 NORMALHUNGRIGE

4 Hähnchenbrustfilets   Salz
  (à ca. 125 g)   Pfeffer
5 El Olivenöl   1 unbehandelte Zitrone
Saft von ½ Zitrone

Zubereitungszeit: ca. 35 Minuten

1 Los geht's: Das Fleisch mit Küchenkrepp trocken tupfen. In einer großen Schüssel 3 El Olivenöl, Zitronensaft und je 1 Prise Salz und Pfeffer verrühren. Das Fleisch damit einreiben, in einen Gefrierbeutel geben und ca. 15 Minuten marinieren lassen.

2 Zitrone mit heißem Wasser abspülen, trocken reiben und in Scheiben schneiden. Die restlichen 2 El Olivenöl in einer Pfanne erhitzen, die Zitronenscheiben darin kurz auf beiden Seiten anbraten, dann rausnehmen. Jetzt ist das Hähnchen dran: Ab in die Pfanne damit und 10–15 Minuten braten, dabei nach etwa 6 Minuten wenden. Nach 10 Minuten mal eins der Filets aufschneiden und schauen, ob es schon durch ist – das Fleisch darf nicht mehr rosa sein, sondern muss schön hell-weißlich aussehen, wegen der Salmonellen, du weißt schon. Die Hähnchenbrustfilets mit den Zitronenscheiben belegen und ab auf den Tisch damit!

 **Toll dazu: Ofenkartoffel (S. 100)**

HÄHNCHEN MEETS PAPRIKA
KNUSPRIG-FRECH VOM BLECH

FÜR 4 HUNGRIGE

600 g Tomaten   1 Bund Thymian
je 2 rote und gelbe Paprika-   Salz
  schoten   Pfeffer
2 rote mittelscharfe Chilischoten   1 El Aceto balsamico
2 rote Zwiebeln   3 El Olivenöl
2 El kleine Kapern   4 Hähnchenschenkel
50 g grüne Oliven ohne Stein   (à ca. 250 g)
2 Knoblauchzehen

Zubereitungszeit: ca. 1 Stunde 10 Minuten

1 Backofen auf 200 °C vorheizen. Tomaten waschen, trocken reiben, Stielansätze rausschneiden und in grobe Stücke schneiden. Paprikaschoten putzen, waschen und in Streifen schneiden. Chilis halbieren, putzen und waschen. Zwiebeln schälen, halbieren und in Streifen schneiden. Alles in einer großen Schüssel vermischen, dann Kapern und Oliven dazu. Knoblauch schälen und mit einer Knoblauchpresse dazupressen (alternativ ganz fein würfeln). Thymian waschen, trocken schütteln, Blättchen abzupfen und untermischen. Alles salzen und pfeffern, dann Balsamico und Öl dazu. Einmal gut durchmischen und ab in die Fettpfanne des Backofens damit (das ist das tiefe Blech).

2 Hähnchenschenkel mit Küchenkrepp trocken tupfen, salzen und pfeffern. Auf das Gemüse legen und alles etwa 45 Minuten im Ofen backen – dann ist das Gemüse gar und das Hähnchen schön knusprig!

 **Dazu passen Pommes (S. 109) oder Wedges (S. 102)**

BRATHÄHNCHEN
KOMMT NIE AUS DER MODE

FÜR 4, DIE GERN KNUSPERN

1 küchenfertiges Brathähnchen (ca. 1,2 kg)
Salz
Pfeffer
4 El Sonnenblumenöl
2 El edelsüßes Paprikapulver
1 Tl Currypulver
200 ml Hühnerbrühe
100 g Crème fraîche

IN CA. 1½ STUNDEN FERTIG!

1 Hähnchen mit Küchenkrepp trocken tupfen und innen und außen mit Salz und Pfeffer einreiben. Backofen auf 200 °C vorheizen. Dann das Hähnchen dressieren (siehe Tipp unten rechts). Hähnchen mit der Brustseite nach unten in einen Bräter oder auf ein tiefes Backblech legen, mit 2 El Öl bestreichen. Ab in den Ofen damit für 30 Minuten.

2 Restliche 2 El Öl mit Paprika- und Currypulver verrühren. Nach 30 Minuten Hähnchen wenden, Temperatur auf 180 °C runterschalten und das Hähnchen mit dem Gewürzöl bestreichen. Weitere 30 Minuten braten.

3 Hähnchen aus dem Bräter nehmen und ruhen lassen, bis die Sauce fertig ist. Dafür den Bräter auf den Herd und die Hühnerbrühe hinein. Aufkochen, den Bratensatz losschaben und gut umrühren. Sauce durch ein Sieb in einen anderen Topf gießen, dann Crème fraîche einrühren. Mit Salz, Pfeffer und Paprikapulver abschmecken.

 **Lecker dazu: Pommes (S. 109) oder Salzkartoffeln (S. 101)**

 **Und ein paar Vitamine: Gurkensalat (S. 27)**

HÄHNCHEN ZERTEILEN

Das Hähnchen ist fertig, schon wartet die nächste Herausforderung auf dich: du musst es in seine einzelnen Stücke zerteilen. Fachmännisch heißt das *tranchieren*. Zuerst trennst du Keulen und Flügel ab. Dazu die Haut um die Gelenke herum einschneiden, Keule bzw. Flügel vom Körper wegziehen und das Gelenk mit einem Messer durchtrennen. Dann das Fleisch entlang des Brustbeins einschneiden. Brüste jeweils mit einer Gabel vom Knochen wegdrücken und abtrennen.

HÄHNCHEN DRESSIEREN

Wie bitte? Jetzt soll ich dem Hähnchen auch noch Kunststücke beibringen? Chill mal! Dressieren heißt, dass du die Flügel und Keulen mit Küchengarn am Körper festbindest – sonst stehen sie im Ofen zu sehr ab und verbrennen schnell. Das geht so: Küchengarn unter den Bürzel legen, über den Schenkeln kreuzen und verknoten. Dann das Garn an den Keulen entlang zu den Flügeln ziehen. Hähnchen umdrehen. Garn um die Flügel herumlegen und in der Mitte fest verknoten. Fertig ist das Hähnchen-Päckchen!

SCHNITZEL MIT RAHMSAUCE
HEUTE IST SCHNITZEL-TAG!

FÜR 4 NORMALE ESSER

600 g Kalbsschnitzel	2 El Olivenöl
Salz	1 unbehandelte Zitrone
Pfeffer	2 cl Brandy (alternativ Brühe)
2 El Mehl	120 ml Fleischbrühe
40 g Butter	125 ml Sahne

Zubereitungszeit: ca. 25 Minuten

1 Fleisch waschen, mit Küchenkrepp trocken tupfen und von beiden Seiten salzen und pfeffern. Mehl auf einem Teller verteilen und die Schnitzel darin wenden, sodass überall dünn Mehl dranklebt – das nennt man „Mehlieren" und sorgt dafür, dass das Fleisch beim Braten schön braun wird.

2 Butter und Öl in einer Pfanne erhitzen. Schnitzel rein und von beiden Seiten scharf anbraten (= hohe Hitze), jeweils etwa 3 Minuten. Aus der Pfanne nehmen und in Alufolie wickeln – so bleiben sie warm und der Fleischsaft verteilt sich.

3 Jetzt die Sauce: Dafür Zitrone heiß waschen und trocken reiben. Schale abreiben, eine Zitronenhälfte auspressen. Den Brandy in die heiße Pfanne zum Bratensud gießen – das zischt und das soll es auch! Zitronensaft dazu und die Flüssigkeit etwas einkochen lassen.

4 Inzwischen Fleischbrühe, Sahne und Zitronenschale verrühren. Mischung zum Bratensaft in die Pfanne geben und alles noch 1, 2 Minuten bei kleiner Hitze köcheln lassen, sodass die Flüssigkeit etwas eindickt. Schnitzel mit der Sauce übergossen servieren.

 **Dazu passen Bandnudeln**

GEGRILLTES CLUB-STEAK
FLEISCH IN HÖCHSTFORM

FÜR 4 ECHTE KERLE

4 Club-Steaks (ohne Knochen à ca. 250 g, mit Knochen à ca. 350 g)	2 El Sonnenblumenöl
	Salz
	Pfeffer

Zubereitungszeit: ca. 15 Minuten

Steaks mit Küchenkrepp trocken tupfen. Eine Pfanne (am besten eine Gusseisenpfanne, aber eine andere geht auch) auf höchster Stufe erhitzen, dann das Öl rein. Steaks dazu und auf der ersten Seite 3 Minuten braten. Die obere Seite salzen und pfeffern, dann die Steaks wenden. Die gebratene Seite ebenfalls salzen und pfeffern. Noch mal 3 Minuten braten. Raus aus der Pfanne und rein in ein Stück Alufolie, einwickeln und 5 Minuten ruhen lassen.

 **Dazu superlecker: Wedges (S. 102) oder Süßkartoffel-Fries (S. 109)**

 **Und zum Dippen: Chimichurri (S. 59)**

SOMMER, SONNE, BBQ

Es ist Sommer und ihr wollt den Grill anschmeißen? Perfekt! Grillrost mit Sonnenblumenöl einstreichen und die Steaks bei starker Hitze von jeder Seite ca. 3 Minuten grillen. Dabei nur einmal wenden, damit sich eine schöne Kruste bildet. Salzen, pfeffern und in Alufolie wie oben.

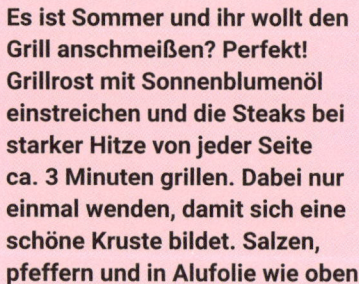

FALSCHER HASE
MAL MEDITERRAN

FÜR 4 SEHR ODER 6 MÄSSIG HUNGRIGE

1 ½ Brötchen vom Vortag	1 kg gemischtes Hackfleisch
200 g stückige Tomaten aus der Dose	2 Eier
	1 Tl Zucker
1 Zwiebel	Salz
½ Bund glatte Petersilie	Pfeffer
65 g schwarze Oliven ohne Stein	Semmelbrösel nach Bedarf
60 g eingelegte Kapern	Butter für die Form
2 El Olivenöl	

Zubereitungszeit: ca. 1 Stunde

1 Zuerst den Backofen vorheizen, auf 180 °C. Kastenform (ca. 24 x 11 cm) mit Butter einfetten. Brötchen in kleine Würfel schneiden und mit den Tomaten in einer großen Schüssel verrühren. Ziehen lassen, bis du mit den anderen Zutaten soweit bist. Zwiebel schälen und klein würfeln. Petersilie waschen, trocken schütteln, die Blättchen abzupfen und hacken. Oliven und Kapern jeweils aus der Flüssigkeit fischen, abtropfen lassen und grob hacken.

2 In einer kleinen Pfanne Olivenöl erhitzen – mittlere Hitze reicht –, Zwiebelwürfel dazu und etwa 4 Minuten anbraten. Zwiebeln zur Brötchen-Tomaten-Mischung geben, dann Petersilie, Oliven, Kapern, Hack, Eier, Zucker und etwas Salz und Pfeffer.

3 Jetzt wird's matschig: Die Mischung mit den Händen gründlich zu einer gleichmäßigen Masse verkneten. Ist die Masse zu flüssig, einige Semmelbrösel mit reinkneten. Die Hackfleischmasse in die Form füllen und leicht festdrücken. Im heißen Ofen 45–50 Minuten backen, bis die Oberfläche goldbraun ist.

 **Besonders köstlich dazu: Salzkartoffeln (S. 101) oder Kartoffelpüree (S. 101)**

FRIKADELLEN ... BULETTEN, FLEISCHPFLANZERL, KLOPSE ...

FÜR 8 FRIKADELLEN

¼ Gemüsezwiebel	500 g Rinderhackfleisch
1 kleine Möhre	1 Ei
1 kleine grüne Paprikaschote	Salz
1 kleine Stange Staudensellerie	Pfeffer
½ Bund glatte Petersilie	1 El Butterschmalz

Zubereitungszeit: ca. 30 Minuten

1 Ran an die Buletten! Das heißt: Zwiebel schälen und fein würfeln. Möhre putzen, schälen und mit einer Gemüsereibe fein raspeln. Paprika und Staudensellerie putzen, waschen und ganz klein würfeln. Petersilie waschen, trocken schütteln und die Blättchen fein hacken.

2 Alles mit dem Hack und dem Ei in einer Schüssel verkneten, das geht gut mit den Händen. Mit Salz und Pfeffer abschmecken. Aus der Masse 8 Frikadellen formen – dafür am besten die Hände zwischendurch immer wieder leicht mit Wasser anfeuchten, damit die Hackmasse nicht zu sehr an den Händen klebt. Butterschmalz in einer Pfanne erhitzen und die Frikadellen bei mittlerer Hitze von jeder Seite 4–5 Minuten goldbraun braten.

 **Toll dazu: Kartoffelpüree (S. 101)**

SUPER-DIP-SPECIAL

Fleisch schmeckt natürlich auch einfach so, ganz pur.
Aber ein köstlicher Dip dazu ist auch nicht von schlechten Eltern.

Hier meine göttliche Dip-Top-4 – allesamt auch perfekt
für die nächste Grillparty!

BANG!

HOT!

BBQ-SAUCE

FÜR 4 GRILLFANS 1 geräucherte Chipotle-Chilischote | 75 ml
Apfelessig | 750 g Strauchtomaten | 1 gewürfelte Gemüsezwiebel |
2 gewürfelte Knoblauchzehen | 50 g brauner Zucker | 1 El Zucker-
rübensirup | 1 Tl scharfer Senf | 1 Tl Salz | 1 Tl Pfeffer | 1 Tl Chili-
pulver | 1 Prise gemahlener Kreuzkümmel

**Zubereitungszeit: ca. 10 Minuten (plus ca. 8 Stunden
Ziehzeit)**

1 Chili in einer kleinen Schüssel mit etwas Apfelessig übergießen und zugedeckt bei Zimmertemperatur 1 Tag ziehen lassen,
dann klein würfeln.

2 Tomaten kreuzweise einritzen, mit kochendem Wasser über-
brühen, ein paar Minuten stehen lassen, dann die Haut abziehen. Stielansätze wegschneiden und Fruchtfleisch grob würfeln.

3 Chili, Tomaten, Zwiebeln, Knoblauch und restlichen Essig in
einen Topf geben, aufkochen lassen. Zucker, Zuckerrübensirup,
Senf und die Gewürze einrühren und die Sauce ca. 30 Minuten
bei schwacher Hitze köcheln lassen. Durch ein feines Sieb in
einen anderen Topf abgießen und noch mal ca. 10 Minuten dick-
flüssig einkochen.

 **Ideal zu gegrilltem und gebratenem Fleisch**

CHILISAUCE

FÜR 6–8 FEUERSPUCKER
1 rote Paprikaschote |
3–4 getrocknete rote Chili-
schoten | 1 große Zwiebel |
2 Knoblauchzehen | 4 Tl
Olivenöl | 4 Tl Weißwein-
essig | 2 Msp. Oregano |
2 Msp. gemahlener Kreuz-
kümmel | 2 Msp. brauner
Rohrzucker | Salz

**Zubereitungszeit:
ca. 20 Minuten**

Paprika und Chili putzen und waschen. Paprika in Stücke
schneiden, Chilischoten sehr fein würfeln. Zwiebel und Knoblauch schälen und fein würfeln. Öl in einem kleinen Topf erhitzen und alles darin etwa 10 Minuten bei mittlerer Hitze
braten. Dann mit dem Stabmixer pürieren und mit Essig, Oregano, Kreuzkümmel, Zucker und Salz würzen.

 **Schmeckt superlecker zu
Hähnchen und anderem Fleisch**

SALSA VERDE

**FÜR 4 ZUM TUNKEN
UND DIPPEN** ½ Bund glatte
Petersilie | ½ Bund Basilikum |
1 Knoblauchzehe | 2 Schalot-
ten | 2 Gewürzgurken | 2 El
kleine Kapern | 1 Tl scharfer
Senf | 1 El Weißweinessig |
200 ml Olivenöl | Salz | Pfeffer

Zubereitungszeit: ca. 15 Minuten

1 Kräuter waschen, trocken schütteln, Blättchen
hacken. Knoblauch und Schalotten schälen und fein würfeln.
Gewürzgurken klein würfeln. Kapern abtropfen lassen. Alles in
einer Schüssel mischen.

2 Senf mit Essig und Olivenöl verquirlen. Gründlich mit der
Kräutermischung verrühren, zum Schluss mit Salz und Pfeffer
abschmecken.

 **Passt super zu Roastbeef (S. 61)
und anderem Fleisch**

YUMMY!!

CHIMICHURRI

FÜR 4 ALS FLEISCH-TOPPING ½ Bund glatte Petersilie | 1 Bund Oregano | 1 Knob-
lauchzehe | 1 kleine Schalotte | 1 rote Chilischote | 1 Limette | 75 ml Olivenöl | Salz

Zubereitungszeit: ca. 10 Minuten

 Nein, das ist keine Hunderasse und auch kein südamerikanischer Fluss – Chimichurri ist
eine Würzsauce aus Argentinien, die super zu gegrilltem oder gebratenem Fleisch passt.

Sie ist superflott gemacht: Kräuter waschen, trocken schütteln, Blättchen abzupfen und hacken.
In einer Schüssel mischen. Knoblauch schälen und durch eine Knoblauchpresse dazudrücken
(Keine Knoblauchpresse? Dann fein würfeln und mit einem breiten Messerrücken zerdrücken.).
Schalotte schälen und fein würfeln. Chili halbieren, putzen, waschen und fein würfeln. Limette aus-
pressen. Schalotte, Chili, Limettensaft, Olivenöl und 1 Prise Salz zu den Kräutern geben und alles
gut verrühren.

 **Perfekt zum Club-Steak (S. 56) und anderem kurgebratenen Fleisch**

PUTENSCHNITZEL MIT COGNAC-SAHNE-SAUCE PFEFFRIG GUT

FÜR 4 NORMALHUNGRIGE

3 Tl eingelegter grüner Pfeffer	Salz
3 Schalotten	Pfeffer
2 Knoblauchzehen	2 El Öl
1 Bund Schnittlauch	4 El Cognac
4 dünne Putenschnitzel (à 150 g)	300 ml Sahne

Zubereitungszeit: ca. 30 Minuten

1 Los geht's mit der Vorbereitung für die Sauce: Dafür grünen Pfeffer in einem Sieb abtropfen lassen, die Lake auffangen. Die Körner in einem Mörser oder mit einem breiten Messerrücken zerdrücken. Schalotten und Knoblauch schälen und fein würfeln. Schnittlauch waschen, trocken schütteln und in feine Röllchen schneiden.

2 Putenschnitzel mit Küchenkrepp trocken tupfen, salzen und pfeffern. Öl in einer Pfanne erhitzen und das Fleisch darin bei starker Hitze von jeder Seite ca. 3 Minuten braten. Raus aus der Pfanne und rein in Alufolie (für jedes Schnitzel ein Stück), gut einwickeln und ruhen lassen, bis der Rest fertig ist.

3 Pfanne wieder auf den Herd (mittlere Hitze) und Schalotten und Knoblauch darin etwa 3 Minuten anbraten. Grünen Pfeffer, etwa 2 El der aufgefangenen Lake, Cognac und die Sahne dazu und alles verrühren. Ein paar Minuten bei mittlerer Hitze einköcheln lassen, bis die Sauce schön cremig ist.

4 Das Fleisch zusammen mit dem ausgetretenen Fleischsaft in die Sauce geben. Einmal aufkochen. Schnittlauchröllchen dazu und noch einmal mit Salz und Pfeffer abschmecken.

 **Dazu passen perfekt: Salz- oder Pellkartoffeln (S. 101) oder Pommes (S. 109)**

SCHWEINEMEDAILLONS MIT KRÄUTERKRUSTE EDEL, EDEL …

FÜR 4 FEINSCHMECKER

3 Scheiben Ciabatta vom Vortag	Pfeffer
2 El Butter	2 El Butterschmalz
1 Bund Basilikum	3 Eigelb
1 Bund Schnittlauch	4 El Weißwein (alternativ Brühe)
700 g Schweinefiletmedaillons	Butter für die Form
Salz	

Zubereitungszeit: ca. 40 Minuten

1 Ciabatta zur Hälfte klein würfeln, die andere Hälfte reiben. 1 El Butter in einer Pfanne schmelzen und Brotwürfel und -brösel darin goldgelb rösten. In einem tiefen Teller zur Seite stellen. Basilikum und Schnittlauch waschen, trocken schütteln und die Halme bzw. Blätter hacken.

2 Backofen auf 60 °C vorheizen. Große Auflaufform mit Butter einstreichen. Medaillons mit Küchenkrepp trocken tupfen und salzen und pfeffern. Butterschmalz in einer Pfanne erhitzen und die Medaillons ca. 6 Minuten braten, nach 3 Minuten einmal wenden. Dann raus aus der Pfanne, rein in die Auflaufform. Im Ofen warmhalten.

3 Eigelb und Weißwein in einem kleinen Topf vorsichtig bei niedriger Hitze erwärmen. Mit dem Schneebesen schaumig aufschlagen. Restliche Butter in kleinen Flöckchen unterschlagen. Topf vom Herd nehmen, Kräuter unterziehen, salzen und pfeffern. Brotwürfel und -brösel unterheben.

4 Auflaufform aus dem Ofen holen, Backofengrill vorheizen. Die Kräutermasse auf dem Fleisch verstreichen. Form wieder in den Ofen und die Medaillons ca. 4 Minuten goldgelb gratinieren.

 **Köstlich dazu: Reis (S. 85) oder Risotto (S. 91)**

ROASTBEEF SUPERZART
PERFEKT FÜR GÄSTE

FÜR 6 HUNGRIGE

1,2 kg Roastbeef	½ Tl Pimentpulver
1 Tl Salz	2 El Senf
1 Tl grob gemahlener Pfeffer	2 El Butterschmalz

Zubereitungszeit: ca. 20 Minuten (plus ca. 3 Stunden Garzeit)

1 Backofen auf 80 °C vorheizen. Roastbeef mit Küchenkrepp trocken tupfen. Obere Fettschicht mit einem scharfen Messer schräg oder rautenförmig einschneiden. Mit Salz, Pfeffer und Piment bestreuen und mit Senf bestreichen.

2 Butterschmalz in einer Pfanne erhitzen, Roastbeef darin von allen Seiten bei hoher Temperatur scharf anbraten, sodass es ringsherum eine schöne braune Kruste bekommt. Dann raus aus der Pfanne und auf ein Ofenrost legen. Ab damit in den Ofen. Am besten ein Blech drunterschieben, damit der austretende Bratensaft nicht auf dem Ofenboden landet. Das Roastbeef 2 ½–3 Stunden garen (mit der Garzeit musst du es bei der Niedriggarmethode nicht so genau nehmen – etwas länger im Ofen schadet nicht). Aus dem Ofen holen und in Alufolie gewickelt etwas ruhen lassen. Dann in dünne Scheiben schneiden.

 **Dazu schmeckt Salsa verde (S. 59) und knuspriges Brot**

 **Auch lecker dazu: Remoulade (S. 76)**

 **Und für den großen Hunger: Bratkartoffeln (S. 103)**

RINDERGULASCH
WENIG AUFWAND, TOP ERGEBNIS

FÜR 4 HAUSMANNSKOSTLIEBHABER

375 ml Fleischbrühe	Pfeffer
3 kleine Zwiebeln	½ Tl Kümmel
100 g gewürfelter Speck	1 Msp. Paprikapulver
1 kg Rindergulasch	250 g saure Sahne
Salz	1 El Mehl

Zubereitungszeit: ca. 1 Stunde 50 Minuten

1 Brühe erhitzen. Zwiebeln schälen und fein würfeln. Großen Topf auf dem Herd erhitzen, Speckwürfel darin auslassen. Zwiebeln und Fleisch dazu und kräftig anbraten, dabei viel rühren. Salz, Pfeffer, Kümmel und Paprikapulver unterrühren, kochende Brühe dazugießen und alles aufkochen. Dann Deckel drauf und das Gulasch bei niedriger Hitze mindestens 90 Minuten schmoren lassen.

2 Ist das Fleisch schon richtig schön zart und mürbe und zerfällt fast, wenn man es mit der Gabel zerteilt? Perfekt! Wenn nicht, noch 30 Minuten weiterkochen bzw. so lange, bis das Fleisch gut ist.

3 Saure Sahne mit dem Mehl verrühren, bis alle Klümpchen weg sind. Dann zum Binden ins Gulasch rühren. Noch mal mit Salz und Pfeffer abschmecken. Fertig!

 **Perfekt dazu: Salzkartoffeln (S. 101)**

 **Oder wer's nudeliger mag: Bandnudeln**

SUPER-SAUCEN-SPECIAL

Ein Leben ohne Sauce? Unvorstellbar! Saucen krönen jedes Fleischgericht und machen alles herrlich saftig.

Mit Omas guter alter Mehlschwitze und den anderen Saucen wirst du zum Saucen-Held!

MEHLSCHWITZE

Zubereitungszeit: ca. 10 Minuten

60 g Butter in einem Topf schmelzen. 50 g Mehl dazu, dabei die ganze Zeit mit einem Schneebesen rühren. Anschwitzen, bis es weißlich schäumt. Langsam 500 ml kochende Brühe dazugießen, dabei wild mit dem Schneebesen rühren. Gute 5 Minuten bei schwacher Hitze köcheln lassen, dann mit Salz und Pfeffer abschmecken.

 Die Mehlschwitze wird zum Binden von Saucen verwendet und dient als Basis vieler Saucen wie beispielsweise Béchamel-, Käse- oder Senfsauce.

SAUCE AUS BRATENRÜCKSTAND

Zubereitungszeit: ca. 10 Minuten

Fleisch aus Pfanne oder Topf nehmen und mit Alufolie bedeckt ruhen lassen. Überschüssiges Fett abgießen. Topf oder Pfanne erhitzen. Bratenrückstand mit 20 ml Flüssigkeit (z. B. Wein oder Brühe) ablöschen und mit einem Kochlöffel vom Boden losschaben. 100 ml Brühe dazu, aufkochen und ein paar Minuten einkochen lassen. Wer mag, rührt noch einen Schuss Sahne oder einen Klecks Crème fraîche ein. Mit Salz und Pfeffer abschmecken.

BRAUNE SAUCE

Zubereitungszeit: ca. 20 Minuten (plus ca. 4 Stunden Kochzeit)

2 kg Kalbs- oder Rinderknochen bei 200 °C im vorgeheizten Ofen unter mehrmaligem Wenden dunkelbraun rösten. 2 El Butterschmalz erhitzen. 2 Möhren, ½ Knollensellerie, 1 Petersilienwurzel und 2–3 Zwiebeln (alles geputzt und in groben Stücken) darin dunkelbraun anrösten. 1 El Tomatenmark dazugeben und unter Rühren kurz mitrösten. Mit 250 ml Rotwein ablöschen. Bei mittlerer Hitze auf die Hälfte einkochen lassen. Weitere 250 ml Wein zugeben und erneut um die Hälfte einkochen lassen. Knochen zugeben. So viel Brühe angießen, dass die Knochen bedeckt sind. 8 Pfefferkörner, 1 Lorbeerblatt und 2 Thymianzweige zugeben. Alles bei schwacher Hitze ca. 4 Stunden köcheln lassen. Dabei immer wieder Brühe nachgießen und einkochen. Sauce durch ein feines Sieb gießen. Speisestärke mit Wasser verrühren und Sauce damit binden. 5 Minuten bei schwacher Hitze köcheln lassen.

 **Köstlich zu Braten und Fleisch jeder Art**

RINDERROULADEN
ALLERBESTE HAUSMANNSKOST

FÜR 4 MIT GUTBÜRGERLICHEM HUNGER

2 Möhren
½ Knollensellerie
1 Stange Lauch
2 Gewürzgurken
4 Rinderrouladen (à ca. 160 g)
Salz
Pfeffer
4 Tl scharfer Senf
4 dünne Scheiben Bauchspeck
3 El Butterschmalz
1 El Tomatenmark
200 ml trockener Rotwein (alternativ Rinderbrühe)
500 ml Rinderbrühe
1 kleine festkochende Kartoffel
1 Bund Petersilie
1 Bund Thymian
1 Lorbeerblatt
70 g kalte Butter in Stückchen

OMG!

Zubereitungszeit: ca. 50 Minuten (plus ca. 2 Stunden Garzeit)

1 Zugegeben, Rouladen machen sich nicht gerade von selbst – aber die Mühe lohnt sich! Fangen wir an: Backofen auf 160 °C vorheizen. Möhren und Sellerie putzen und schälen. 1 Möhre und die Hälfte vom Sellerie raspeln, Rest grob würfeln. Lauch putzen, gut waschen und in dünne Ringe schneiden. Gemüseraspel und Lauchringe in einer Schüssel mischen. Gewürzgurken in feine Streifen schneiden.

2 Rouladen mit Küchenkrepp trocken tupfen, salzen und pfeffern. Jede Scheibe mit 1 Tl Senf bestreichen und mit 1 Scheibe Speck belegen. Gurkenstreifen und je 1 guten El der Gemüsemischung auf der einen Hälfte der Rouladen verteilen, dabei ein Stückchen zum Rand frei lassen. Fleischstücke von der kurzen Seite her fest auf-rollen und entweder mit Zahnstochern fixieren (am besten nicht quer durch, sondern das gerollte Ende am Rest feststecken) oder fest mit Küchengarn umwickeln.

3 Butterschmalz in einem Bräter erhitzen. Rouladen darin von allen Seiten braun anbraten, insgesamt 5–10 Minuten. Rouladen zur Seite schieben, Tomatenmark in den Bratensaft rühren und kurz mitbra-ten. Mit Wein und Brühe ablösen. Kartoffel waschen, schälen und in die Flüssigkeit raspeln, die Möhren- und Selleriewürfel kommen ebenfalls dazu. Petersilie und Thymian waschen und in den Topf legen. Lorbeerblatt dazu. Deckel drauf und ab in den Ofen damit für ca. 2 Stunden.

4 Die Rouladen aus dem Bräter nehmen und warmhalten. Den Inhalt des Bräters durch ein Sieb in einen Topf passieren, also: in ein Sieb schütten und die weichen Zutaten in kreisenden Bewegungen mit einem Esslöffel durch die Maschen drücken. Eine Kelle des entstan-denen Muses mit etwas von dem Sud pürieren, dann zurück in den restlichen Sud rühren – so wird die Sauce schön sämig. Kalte Butter in Stückchen drunterrühren – macht doppelt sämig! Mit Salz und Pfeffer abschmecken.

VARIANTE:

Auch lecker als Füllung: 500 g gemischtes Hackfleisch mit 1 ge-würfelten Zwiebel und 2 gewürfelten Knoblauchzehen, 1 El schar-fem Senf, Salz, Pfeffer und 1 Prise rosenscharfem Paprikapulver vermengen!

 **Superlecker dazu: Salzkartoffeln (S. 101), Kartoffelpüree (S. 101) oder Klöße (S. 101) und Rotkohl (S. 108)**

CURRYWURST
FAST FOOD DE LUXE

FÜR 4 SNACK-HUNGRIGE

½ Gemüsezwiebel	3 El Weißweinessig
3 El Rapsöl	(oder Himbeeressig)
1 El Tomatenmark	2 El Worcestersauce
3 El mildes Currypulver	Salz
500 ml koffeinfreie Cola	Pfeffer
700 g passierte Tomaten	1 El Butterschmalz
aus der Packung	4 feine Bratwürste
2 Tl Gemüsebrühenpulver	

Zubereitungszeit: ca. 1 Stunde

1 Für die Sauce Zwiebel schälen und fein würfeln. Öl in einem Topf erhitzen, Zwiebel darin bei mittlerer Hitze etwa 5 Minuten anbraten, dabei immer schön rühren. Tomatenmark dazu und 2 Minuten mitbraten. Currypulver einrühren, Cola angießen. Alles verrühren und die Sauce bei mittlerer Hitze und halb aufgelegtem Deckel etwa 20 Minuten köcheln lassen. Nicht vergessen: ab und zu umrühren.

2 Tomaten, Gemüsebrühenpulver, Essig und Worcestersauce dazu, umrühren, noch mal 20 Minuten bei schwacher Hitze köcheln lassen. Und wieder: Gelegentliches Rühren nicht vergessen! Dann: Sauce runter vom Herd, salzen, pfeffern und ein bisschen abkühlen lassen. In einem hohen Gefäß mit dem Mixstab pürieren.

3 Butterschmalz in einer Pfanne erhitzen und die Würste darin bei mittlerer bis starker Hitze rundherum goldbraun braten. Raus aus der Pfanne, in Scheibchen schneiden und mit der Sauce übergießen.

 **Dazu gehören Pommes (S. 109) – was sonst ...**

SCHWEINEKOTELETTS SÜSS-SAUER
GRUSS VOM ASIATEN

FÜR 4 KOTELETTFANS

2 Knoblauchzehen	1 El Sherry
60 ml Zitronensaft	4 Schweinekoteletts ohne
60 g Honig	Knochen (à ca. 200 g)
2 El Sojasauce	2 El Rapsöl

Zubereitungszeit: ca. 25 Minuten (plus ca. 3 Stunden Marinierzeit)

1 Für die Marinade Knoblauch schälen und fein würfeln. Mit Zitronensaft, Honig, Sojasauce und Sherry verrühren. Koteletts mit Küchenkrepp trocken tupfen. Etwa zwei Drittel der Marinade in eine große, wiederverschließbare Plastiktüte gießen, Koteletts mit rein, Luft rausdrücken, Tüte zu. Mehrmals gut durchschütteln, damit das Fleisch überall was von der Marinade abkriegt. Dann kommen Tüte und restliche Marinade für 3 Stunden in den Kühlschrank.

2 Fleisch aus der Marinade nehmen, die wird nicht mehr gebraucht. Rapsöl in einer Pfanne erhitzen und die Koteletts darin von jeder Seite ca. 3 Minuten braten. Öl abgießen, dafür restliche Marinade aus dem Kühlschrank dazu. Einmal durchschwenken, Pfanne vom Herd nehmen und das Fleisch in der abgedeckten Pfanne 3 Minuten ruhen lassen.

 **Schön frisch dazu: Gurkensalat (S. 27)**

 **Auch lecker: Reis (S. 85)**

ZÜRCHER GESCHNETZELTES
GRÜEZI UND EN GUETE!

FÜR 4 ALS HAUPTSPEISE

1 Zwiebel	200 ml trockener Weißwein
1 Knoblauchzehe	(alternativ Brühe)
800 g Kalbschnitzel	200 ml Sahne
60 g Butterschmalz	Salz
2 El Mehl	Pfeffer

Zubereitungszeit: ca. 40 Minuten

1 Zwiebel und Knoblauch schälen und sehr fein würfeln. Fleisch mit Küchenkrepp trocken tupfen und in schmale Streifen schneiden. Wichtig dabei: Quer zur Faser schneiden, sonst verliert das Fleisch Saft und wird zäh.

2 Butterschmalz in einer großen Pfanne erhitzen und – Achtung, wieder wichtig! – nur so viel Fleischstreifen rein, dass der Pfannenboden bedeckt ist. Dann ordentlich von allen Seiten anbraten, bis das Fleisch rundherum braun und gar ist. Raus aus der Pfanne, zur Seite stellen. Das Gleiche jetzt mit dem restlichen Fleisch. Und wozu der Aufwand? Wenn du das Fleisch auf einmal in die Pfanne gibst, kühlt sich das Butterschmalz ab und das Fleisch schmort im eigenen Saft vor sich hin und bekommt keine Röstaromen. Wäre doch schade, oder?

3 Wenn die letzte Fuhre Fleisch raus aus der Pfanne ist, Zwiebel und Knoblauch bei mittlerer Hitze in dem Bratfett glasig anschwitzen. Mehl drüberstäuben, umrühren, kurz bräunen, dann Weißwein und Sahne dazugießen. Noch mal umrühren, kurz erhitzen, dann das Fleisch wieder mit rein. Mit Salz und Pfeffer abschmecken und noch ein paar Minuten auf dem Herd ziehen lassen.

 **Dazu natürlich: Rösti (S. 104)**

KALBSBRATEN MIT ROSMARIN
ZART AUS DEM OFEN

FÜR 4 FLEISCHESSER

1 ½ kg Kalbsnuss	250 ml trockener Weißwein
Salz	(alternativ Brühe)
2 Zwiebeln	750 ml Gemüsebrühe
2 Knoblauchzehen	3 Gewürznelken
4 El Sonnenblumenöl	1 El gehackte Rosmarinnadeln

Zubereitungszeit: ca. 2 Stunden

1 Noch so ein Gericht, bei dem eigentlich der Ofen alles erledigt ... Genial! Und dann macht es noch richtig was her! Los geht's: Backofen auf 180 °C vorheizen. Fleisch mit Küchenkrepp trocken tupfen und mit 1 Tl Salz einreiben. Zwiebeln schälen und in kleine Würfel schneiden. Knoblauch schälen und mit einem Messerrücken andrücken.

2 Öl in einem Bräter oder in einem großen ofenfesten Topf erhitzen. Fleisch mit Zwiebeln und Knoblauch hinein und bei ordentlich Hitze kräftig anbraten, dabei immer wieder rühren. Wein und Gemüsebrühe angießen, Nelken und Rosmarin dazugeben. Ab in den Ofen damit für 1,5 Stunden, dabei den Braten alle 30 Minuten mal wenden.

3 Den Braten mit dem Bratenfond servieren (wenn du die Sauce dicker magst: etwas Speisestärke mit Wasser verrühren, in den Bratenfond rühren und 5 Minuten bei schwacher Hitze köcheln lassen).

 **Dazu wunderbar: Salzkartoffeln (S. 101) oder Kartoffelgratin (S. 104) und Speckbohnen (S. 108)**

FISCH & MEERESFRÜCHTE

Jetzt mal Butter bei die Fische!

Fisch ist ja nicht jedermanns Sache – liegt oft nur daran, dass man irgendwann mal an den Falschen geraten ist, geschmacklich extrem fischig und übersäht mit nervigen Gräten. Dumm gelaufen, muss aber nicht so bleiben! Es gibt nämlich wunderbare Anfänger-Fische die mehr nach Fleisch als nach Fisch schmecken und nur wenige bzw. „einfache" Gräten haben, zum Beispiel Thunfisch, Lachs und Scholle. Für Fortgeschrittenere sind fischigere Fische wie Dorade oder Forelle perfekt. Eben alles zu seiner Zeit.

FISCH VERLIEBT

FISCHE SIND SCHON TOLLE HECHTE!

Im Ganzen oder als Filet, gegrillt, gebacken, gebraten, pochiert, gedünstet oder roh – die Zubereitungsmöglichkeiten sind gigantisch! Falls du noch etwas Angst vor ganzen Fischen hast, fang mit Filets an. Hast du diese im Griff, kannst du dich problemlos an die ganzen Fische wagen. Die Zubereitung ist gar nicht groß anders und das Auseinandernehmen zeig ich dir. Also, ran an den Fisch!

VOM FISCHER ODER FARMER?

Fisch wird heute nicht mehr nur im Meer gefangen (Seefisch) und in Seen und Bächen geangelt (Süßwasserfisch), sondern kommt zu einem großen Teil aus Aquakulturen. Generell gilt: Wild gefangener Fisch schmeckt meist besser und aromatischer – die Tiere bewegen sich mehr und haben daher festeres Muskelfleisch, außerdem essen sie vielfältiger. Zudem ist es natürlicher. Die Aquakultur kann aber nicht per se verdammt werden. Bei einigen Fischarten ist sie in Sachen Nachhaltigkeit sogar das kleinere Übel – Stichwort: Überfischung der Meere (siehe Tipp links). Gerade beim Kauf von Fisch gilt also: Bei der Herkunft ganz genau hinschauen!

FRISCH ODER TIEFGEKÜHLT?

Wer an der Küste lebt, stellt diese Frage nicht. Frisch gefangen schmeckt Fisch am besten, das ist ja klar. Ob aus dem Meer, Fluss oder See. Bei allen anderen kommt der Frischfisch in der Kühltheke beim Fischhändler aber als Kühlware an und hat unter Umständen lange Transportwege hinter sich. Nicht immer übersteht der Fisch das gut – also: Augen auf beim Fisch-Einkauf (siehe Tipp unten). Eine gute Alternative ist Tiefkühl-Fisch. Der wird nämlich in der Regel direkt auf dem Fangschiff tiefgefroren und ist dann frischer als Frischfisch, der durchs halbe Land kutschiert wurde.

ÜBERFISCHUNG

Viele Meere sind leer gefischt – das dürfte wohl niemanden mehr überraschen. Ob Fisch aus Aquakultur oder Fisch aus Wildfang fürs Tierwohl besser ist, kann nicht so leicht beantwortet werden. Beides hat halt Vor- und Nachteile. Klar ist: Fisch aus Nicht-Bio-Zucht ist ökologisch betrachtet ein No-Go. Wer auf Nummer Sicher gehen möchte, findet im Internet Einkaufsratgeber, zum Beispiel von Greenpeace, die alle Fische auflisten, die ohne schlechtes Gewissen auf den Teller dürfen.

FRISCHE FISCHE

- Fisch darf niemals nach Fisch riechen – eher angenehm und frisch nach Meer.

- Ganzer Fisch ist frisch, wenn seine Haut feucht und silbrig glänzt.

- Die Augen sollten klar und prall sein und glänzen.

- Drückt man mit dem Finger auf einen ganzen Fisch, sollte der Eindruck nur ganz kurz zu sehen sein.

KLEINE FISCHKUNDE

Lachs
auch Salm; kommt als Wildlachs aus Atlantik und Pazifik und wandert zum Laichen Flüsse hinauf; heute häufig Zuchtfisch; recht fetthaltiges, zartes, delikates Fleisch; ideal zum Braten und Grillen

Seelachs
Seefisch aus der Familie der Dorsche; perfekter Einsteiger-Fisch, da mildes, festes, Fleisch; perfekt zum Braten, Dünsten, Dämpfen

Dorade
auch Goldbrasse; schwimmt vor allem im Mittelmeer und inzwischen hauptsächlich in Aquakulturen; sehr grätenarmes, festes Fleisch; aus dem Ofen oder vom Grill besonders lecker

Kabeljau
Seefisch; als Jungfisch wird er Dorsch genannt; mageres, zartes, festes Fleisch; gebraten eine echte Delikatesse, auch gedünstet lecker

Matjes
jungfräuliche Heringe; gesalzen und fermentiert; Fangsaison von Ende Mai bis Anfang Juli; am besten direkt von der Fischbude in den Mund

Zander
Süßwasserfisch; festes weißes Fleisch; Filets perfekt zum Braten auf der Hautseite

Scholle
schwimmt im Nordostatlantik, Mittelmeer, Schwarzen Meer und in der Nord- und Ostsee; im Mai gefangen (Maischolle) ist sie besonders zart; wird klassisch gebraten

Thunfisch
Seefisch; Fleisch erinnert an Kalbsfilet; nur ganz kurz garen, sonst wird er trocken

Forelle
Süßwasserfisch; heute vor allem aus Zuchtteichen; zart-würziges Fleisch; am besten gebraten, gegrillt oder geräuchert

MEERESFRÜCHTE-ABC

Im Meer gibt's nicht nur Fische, da kreucht und fleucht auch allerhand anderes Getier umher – nicht wenige davon können wir essen und nennen das dann „Meeresfrüchte". Uns interessieren hier drei Sorten: Garnelen, Muscheln und Kopffüßler. Austern, Hummer und Langusten gehören auch dazu, sind aber eher was für schicke Restaurants als für angehende Superhelden.

Garnelen
Garnelen sind Schwimmkrebse. Sie haben viele Namen: Garnele (Deutschland), Crevette (Frankreich), Gamba (Spanien), Gamberetto (Italien), Shrimp oder Prawn (im englischsprachigen Raum). Garnelen kommen hauptsächlich tiefgefroren in den Handel. Entweder roh (dann sind sie weiß) oder schon vorgegart, dann haben sie bereits die charakteristische rosa Färbung. In der Regel kommen Tiefkühl-Garnelen küchenfertig in den Handel, das heißt, dass zumindest der Darm entfernt wurde, häufig auch schon Kopf und Beine.

Muscheln
Die verbreitetste Muschel ist die Miesmuschel. Die Regel, Muscheln nur in den Monaten mit „r" zu essen, ist inzwischen überholt – trotzdem hält sich als Muschelsaison vor allem die Zeit von September bis April. Die Muscheln schmecken dann einfach am besten, weil sie schön fleischig und aromatisch sind. Miesmuscheln kommen in der Regel küchenfertig in den Handel, das heißt, sie sind schon vorgewaschen und entbartet (mit dem „Bart" hält sich die Muschel am Untergrund fest).

Kopffüßler
Sie sehen aus wie ein Kopf mit vielen Beinen dran, daher der Name. Die drei bekanntesten Vertreter dieser Gattung sind der Oktopus, der echte Tintenfisch (Sepia) und der Kalmar. Der Oktopus hat acht Beine, Sepia und Kalmar sogar zehn. Alle drei sind beliebt für Meeresfrüchtesalat (siehe S. 78), da können sowohl die kleingeschnittenen Beine als auch der in Stücke geschnittene Körper rein. Den Körper vom Kalmar kann man außerdem super füllen oder in Ringe schneiden für Calamari fritti.

Riesengarnelen

Miesmuscheln

Kalmare

SCHOLLE FINKENWERDER
ANGEBER-FISCH FÜR ANFÄNGER

FÜR 4 HUNGRIGE FISCHKÖPPE

1 unbehandelte Zitrone
1 Bund Dill
4 Schollen (à ca. 300 g)
Saft von ½ Zitrone
Salz
100 g gewürfelter Frühstücksspeck
150 g Mehl

Zubereitungszeit: ca. 30 Minuten

1 Zitrone heiß abwaschen, trocken reiben und in Spalten schneiden. Dill waschen, trocken schütteln, Blättchen (nennt man bei Dill eigentlich Spitzen) fein hacken. Beides für die Deko später beiseitelegen.

2 Schollen mit Küchenkrepp trocken tupfen. Von beiden Seiten mit Zitronensaft beträufeln, dann salzen. 2 große Pfannen erhitzen (wenn du nur eine hast, einfach in zwei Fuhren arbeiten), Speckwürfel darin ausbraten. Sobald sie knusprig sind, raus aus der Pfanne und auf Küchenkrepp (damit ein bisschen was von dem Fett aufgesaugt wird) zur Seite stellen. Pfannen vom Herd, das ausgelassene Speckfett aber drinlassen.

3 Mehl auf der Arbeitsfläche oder auf einem Teller verteilen. Schollen von beiden Seiten darin wenden (= mehlieren). Pfannen wieder auf den Herd, erhitzen, Schollen zuerst mit der hellen Seite ca. 5 Minuten darin braten, dann wenden und noch mal 5 Minuten braten.

4 Schollen auf Teller verteilen (richtig profimäßig ist es, wenn die Teller vorgewärmt sind, das geht z. B. im etwa 60 °C heißen Ofen). Speckwürfel noch mal kurz im heißen Pfannenfett erhitzen, dann mit einem Schaumlöffel rausfischen und auf den Schollen verteilen. Dill drüberstreuen und je eine Zitronenspalte mit auf den Teller. Easy, oder?

 **Klassisch dazu: Bratkartoffeln mit Speck (S. 103), Salzkartoffeln (S. 101)**

 **Auch lecker: Kartoffelsalat (S. 28/29)**

KEINE ANGST VOR GANZEN FISCHEN

Schollen lassen sich kinderleicht zerlegen: Entlang der Mittelgräte einschneiden, dann mit einem Fischmesser (oder einem normalen, dann aber mit wenig Druck arbeiten) das Fleisch von der Mitte jeweils über die Gräten nach außen abschieben. Mittelgräte von Kopf und Schwanz abtrennen, vorsichtig herausheben – fertig.

ZANDERFILET MIT PILZKRUSTE
FISCH TRIFFT PILZ

FÜR 4 FEINSCHMECKER

4 mittelgroße Champignons	4 Zanderfilets mit Haut
4 Schalotten	(à etwa 150 g)
½ Bund glatte Petersilie	Salz
½ Bund Basilikum	Pfeffer
½ Bund Schnittlauch	100 ml trockener Weißwein
1 hart gekochtes Eigelb	(alternativ Gemüsebrühe
100 g weiche Butter	mit 1 El Zitronensaft)
40 g Semmelbrösel	Öl für die Form

Zubereitungszeit: ca. 30 Minuten

1 Champignons mit Küchenkrepp abreiben, Stielenden abschneiden, die Pilze dann fein würfeln. Schalotten schälen und klein würfeln. Petersilie und Basilikum waschen, trocken schütteln, Blättchen von den Stielen zupfen und hacken. Schnittlauch waschen, trocken schütteln und in Röllchen schneiden.

2 Backofen auf 225 °C vorheizen. Auflaufform mit Öl einstreichen. Eigelb in einer Schüssel mit einer Gabel zerdrücken und mit Champignons, Schalotten, Kräutern, Butter und Semmelbröseln verkneten.

3 Fischfilets mit Küchenkrepp trocken tupfen und mit Salz und Pfeffer würzen. Mit der Hautseite nach unten in die Auflaufform legen. Die Pilz-Kräuter-Mischung gleichmäßig darauf verteilen. Wein zugießen und ab in den Ofen damit für ca. 12 Minuten.

 **Superlecker dazu: Risotto (S. 91)**

LACHS MIT SPINAT IN BLÄTTERTEIG
HIMMLISCH LECKER AUS DEM OFEN

FÜR 4 MIT GROSSEM APPETIT

450 g Blattspinat mit	Pfeffer
Zwiebeln (TK)	frisch geriebene Muskatnuss
450 g Blätterteig (TK)	1 getrocknete Chilischote
800 g Lachsfilet im Stück	200 g Feta (Schafskäse)
ohne Haut	1 Ei
2 El Zitronensaft	2 El Sahne
4 Stängel Dill	Mehl für die Arbeitsfläche
Salz	

Zubereitungszeit: ca. 1 ½ Stunden

1 Spinat und Blätterteig auftauen lassen, Spinat ausdrücken. Backofen auf 200 °C vorheizen. Ein Backblech mit Backpapier belegen. Lachs mit Küchenkrepp trocken tupfen und mit Zitronensaft beträufeln. Dill waschen, trocken schütteln und die Spitzen hacken.

2 Die Blätterteigplatten leicht überlappend aufeinanderlegen und auf einer bemehlten Arbeitsfläche so groß ausrollen, dass das Lachsfilet locker darin eingewickelt werden kann. Spinat mit ein bisschen Salz, Pfeffer, Muskat und der zerbröselten Chilischote vermischen und die Hälfte davon auf dem Blätterteig verteilen. Die Hälfte vom zerbröckelten Schafskäse und dem Dill drüberstreuen. Lachs drauflegen, salzen, pfeffern, restlichen Dill und Schafskäse drüber und zuletzt den restlichen Spinat. Darauf achten, dass an allen Seiten ein schmaler Teigrand frei bleibt.

3 Das Ei trennen und die Blätterteigränder mit dem Eiweiß bepinseln. Blätterteig über dem Lachs zusammenlegen, Teigränder gut festdrücken. Päckchen auf das Blech legen. Eigelb und Sahne verquirlen und den Blätterteig damit bepinseln. Auf der unteren Schiene im Ofen ca. 35 Minuten backen.

GEGRILLTER THUNFISCH
SO PUR, SO GUT

FÜR 4 MINIMALISTEN

4 Thunfischsteaks in Sushi-Qualität (à ca. 200 g)
2 El Olivenöl
Salz
Pfeffer
rosa Pfefferbeeren zum Garnieren

Zubereitungszeit: ca. 10 Minuten

Thunfischsteaks mit Küchenkrepp trocken tupfen und mit ein wenig Olivenöl beträufeln. Salzen und pfeffern. Eine Pfanne mit Olivenöl auspinseln, erhitzen und die Steaks kurz von jeder Seite braten – maximal 1 Minute pro Seite, dann ist der Fisch innen noch so gut wie roh (so ist er aus der Sicht vieler Thunfisch-Fans perfekt). Falls du es so nicht magst, gar ihn einfach etwas länger. Aber Achtung: Gart Thunfisch zu lange, wird er zäh und trocken. Dann noch mit rosa Beeren garnieren und ab auf die Teller damit.

 **Dazu passt wunderbar: Kartoffelpüree (S. 101), mit ein paar Avocadowürfelchen**

PANIERTER SEELACHS
FISCHSTÄBCHEN FÜR GROSSE

FÜR 4 NORMALHUNGRIGE

4 Seelachsfilets (à 150 g)   2 Eier
Salz   2 El Sonnenblumenöl
Pfeffer   1 El Butter
2 El Mehl   1 unbehandelte Zitrone
80 g Paniermehl

Zubereitungszeit: ca. 25 Minuten

1 Seelachsfilets mit Küchenkrepp trocken tupfen, salzen und pfeffern. Mehl und Paniermehl jeweils auf einen flachen Teller streuen, Eier mit einer Gabel in einem tiefen Teller verschlagen.

2 Jetzt wird paniert: Fischfilets zuerst im Mehl wenden, loses Mehl abklopfen. Danach durch die verquirlte Eiermasse ziehen – darauf achten, dass die Filets überall gut mit Ei benetzt sind, damit die Panade gut hält. Zum Schluss im Paniermehl wenden. Panade leicht andrücken.

3 Öl und Butter in einer beschichteten Pfanne erhitzen. Die Fischfilets von jeder Seite ca. 3 Minuten darin braten. Zitrone waschen, trocken reiben und in Achtel schneiden – die kommen dann mit dem Fisch auf den Teller.

 **Lecker dazu: Pommes (S. 109)**

 **Oder: Kartoffelsalat (S. 28/29)**

MANDELFORELLE
FORELLE MÜLLERINS SCHWESTER

FÜR 4 FISCH-HUNGRIGE

4 küchenfertige Forellen
2 unbehandelte Zitronen
1 Bund Petersilie
100 g Butter
100 g Mandelblättchen

Zubereitungszeit: ca. 30 Minuten

1 Forellen mit Küchenkrepp trocken tupfen. 1 Zitrone auspressen und die Forellen innen und außen mit dem Saft einreiben. Die zweite Zitrone heiß waschen, trocken reiben und vierteln. Petersilie waschen, trocken schütteln und die Blätter hacken.

2 Butter in einer großen Pfanne erhitzen. Forellen darin erst von jeder Seite etwa 1 Minute anbraten, dann auf jeder Seite in etwa 8 Minuten bei mittlerer Hitze fertig braten. 5 Minuten vor Schluss Mandelblättchen dazu und goldgelb mitbraten. Forellen mit den Mandeln und Petersilie bestreuen und mit je einem Zitronenviertel garnieren.

 Salzkartoffeln (S. 101), vorm Servieren in ordentlich Butter geschwenkt

UND WIE GEHT DAS MIT DEM FILETIEREN?

Liegt die gebratene Forelle auf dem Teller, erst mal die Schwanzflosse oben herausziehen. Das geht leicht, wenn man dazu ein Messer und eine Gabel als „Zange" benutzt. Geht die Flosse ganz leicht raus, ist das auch ein Zeichen dafür, dass der Fisch auch wirklich gar ist. Dann mit einem Messer am Rücken entlang schneiden und so die beiden Filets voneinander trennen. Jetzt mit einem queren Schnitt jeweils Schwanzflosse und Kopf bis zur Mittelgräte abtrennen. Ein Messer zwischen oberes Filet und Mittelgräte schieben und das Filet vorsichtig von der Gräte heben und nach unten klappen. Mit dem Messer von hinten nach vorne über die Mittelgräte streifen, so lässt sich die Gräte besser lösen. Mit dem Messer vorsichtig zwischen Gräte und Fischfleisch darunter gehen, Gräte anheben, Kopf vom unteren Filet schneiden und Mittelgräte samt Kopf und Flosse abziehen.

GEBRATENES KABELJAUFILET
QUICK & EASY

FÜR 4 FISCHLIEBHABER

40 g Walnusskerne
600 g Kabeljau-Rückenfilet ohne Haut
1 El Mehl
1 El Olivenöl
Salz
2 El fein gehackter Kerbel

Zubereitungszeit: ca. 10 Minuten

1 Die Nüsse in einer Pfanne ohne Fett anrösten, bis sie anfangen zu duften – dabei regelmäßig umrühren und aufpassen, dass sie nicht schwarz werden. Dann auf einem Teller abkühlen lassen.

2 Kabeljau mit Küchenkrepp trocken tupfen und in 4 gleich große Stücke teilen. Mehl auf einem Teller verteilen und die Fischstücke leicht darin wenden – das nennt man „mehlieren".

3 Das Olivenöl in einer Pfanne erhitzen und den Fisch von beiden Seiten je ca. 2 Minuten kross anbraten. Salzen, Herd ausstellen und den Kabeljau noch etwas in der Pfanne gar ziehen lassen. Mit Walnüssen und Kerbel bestreut servieren.

 **Dazu schmeckt: Erbsen-Spitzkohl-Püree (S. 109)**

SEELACHS MIT KRÄUTERKRUSTE
MACHT WAS HER

FÜR 4 KRÄUTERFANS

4 Zweige Petersilie   Salz
4 Zweige Basilikum   Pfeffer
4 Zweige Dill   4 Seelachsfilets (je ca. 150 g)
50 g geschälte Hanfsamen   Butter für die Auflaufform
50 g weiche Butter

Zubereitungszeit: ca. 30 Minuten

1 Backofen auf 200 °C vorheizen. Eine Auflaufform (ein Backblech geht auch) mit Butter einfetten. Die Kräuter waschen, trocken schütteln, Blättchen abzupfen und fein hacken. Mit Hanfsamen und Butter verrühren und mit Salz und Pfeffer würzen – fertig ist die Masse für die Kruste!

2 Die Seelachsfilets mit Küchenkrepp trocken tupfen, dann salzen. In die Form legen und mit der Kräutermasse bestreichen. 10–12 Minuten backen, bis der Fisch gar und die Kruste schön gebräunt ist.

 **Lecker dazu: Erbsen-Spitzkohl-Püree (S. 109)**

SCHLEMMERFILET VIEL BESSER ALS AUS DER TK-ABTEILUNG

FÜR 4 FISCHKÖPPE

500 g Kabeljaufilet
Salz
Pfeffer
50 g Semmelbrösel
100 g weiche Butter
abgeriebene Schale von
  1 unbehandelten Limette

2 El gemischte Kräuter (TK)
2 Tl eingelegte Kapern
1 El milder Senf
Butter für die Form

Zubereitungszeit: ca. 45 Minuten

1 Backofen auf 200 °C vorheizen. Eine Auflaufform mit Butter einfetten. Kabeljau mit Küchenkrepp trocken tupfen und in die Auflaufform legen. Mit Salz und Pfeffer würzen.

2 Semmelbrösel mit Butter, Limettenschale, Kräutern, abgetropften Kapern und Senf in einem hohen Gefäß pürieren. Mit 1 guten Prise Salz und Pfeffer abschmecken, dann mit einem Messer auf dem Fisch verstreichen.

3 Die Schlemmerfilets im Ofen – je nach Dicke des Fischfilets – 20–30 Minuten garen, bis der Fisch durch und die Schlemmer-Kruste goldbraun und knusprig ist.

VARIANTE:

Schmeckt auch mit Seelachs oder Steinbeißer gut. Hauptsache, das Fischfleisch ist schön fest und zerfällt nicht.

 **Dazu passt: Reis (S. 85) mit Erbsen**

FISCHFRIKADELLEN WIE AN DER HAFENBUDE

FÜR 4 MIT SNACK-HUNGER

1 Zwiebel
1 Bund Dill
1 Brötchen
100 ml Milch
500 g Fischfilet (z. B. Kabeljau,
  Rotbarsch oder Seelachs)

2 Eier
5 El Semmelbrösel
Salz
Pfeffer
1 Prise Muskat
3 El Rapsöl

Zubereitungszeit: ca. 30 Minuten

1 Zwiebel schälen und fein würfeln. Dill waschen, trocken tupfen und die Spitzen fein hacken. Brötchen in der Milch einweichen. Fischfilet mit Küchenkrepp trocken tupfen und in Würfel schneiden. Ab damit in ein hohes Gefäß. Zwiebel, Dill, eingeweichtes Brötchen und Eier dazu und alles mit einem Stabmixer zerkleinern. Semmelbrösel unterrühren – der Teig soll nicht zu weich sein. Mit Salz, Pfeffer und etwas Muskat abschmecken.

2 Nun wird's etwas klebrig: Hände anfeuchten und aus der Fischmasse Frikadellen formen. Öl in einer beschichteten Pfanne erhitzen und die Frikadellen darin bei mittlerer Hitze goldbraun braten – das dauert auf jeder Seite ungefähr 5 Minuten.

 **Lecker dazu: Pommes (S. 109) ... oder einfach zwischen zwei Brötchenhälften als Fisch-Burger**

SUPER-DIP-SPECIAL

Mayo, Remoulade und Aioli sind perfekte Begleiter zu paniertem gebackenen Fisch, funktionieren aber auch sonst mit fast jeder Art von Meeresgetier. Guacamole passt super zu mediterranen Fischgerichten. Let's dip!

MAYONNAISE

**Zubereitungszeit:
ca. 5 Minuten**

1 Eigelb, Salz, Pfeffer, Zucker, 1 El Zitronensaft und 1 El Senf in eine Rührschüssel geben und glatt rühren. Unter ständigem Rühren 125 ml Öl zunächst tropfenweise zugießen. Wenn die Masse gebunden ist, das restliche Öl unter ständigem Rühren in dünnem Strahl einfließen lassen. Abschmecken. Fertig!

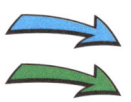 Passt zu Fisch und Meeresfrüchten

Auch lecker zu Pommes (S. 109) und Süß-kartoffel-Fries (S. 109)

REMOULADE

**Zubereitungszeit:
ca. 10 Minuten**

100 g Mayonnaise herstellen (siehe Rezept links). 1 El Essiggurke, 1 Tl Kapern, 1 Sardelle, 1 El Petersilie und 1 Tl Schnittlauch (alles fein gehackt) unterrühren. Mit Salz, Pfeffer und Zucker abschmecken.

 Passt zu Fisch und Meeresfrüchten

AIOLI

**Zubereitungszeit:
ca. 5 Minuten**

100 ml zimmerwarmes Olivenöl mit 1 Tl Senf und 1 kleinen geschälten Knoblauchzehe in ein hohes Pürier-gefäß geben und glatt pürieren. 1 zimmer-warmes Ei hinzugeben – dieses sinkt auf den Grund des Gefäßes. Nun den Pürierstab ganz nach unten halten und alles pürieren. Dabei den Stab nur ganz langsam nach oben ziehen. Zum Schluss 1 Tl Zitronensaft unterrühren und alles mit Salz und Pfeffer abschmecken.

 Passt zu mediterranen Fischgerichten

GUACAMOLE

Zubereitungszeit: ca. 5 Minuten

1 reife Avocado längs aufschneiden und den Stein entfernen. Das Frucht-fleisch mit einem Löffel herauslösen, in eine Schüssel geben und mit Zitronen-saft beträufeln. Fruchtfleisch mit einer Gabel zerdrücken. Mit Salz, Pfeffer und einer durchgepressten Knoblauchzehe abschmecken.

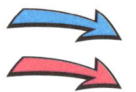 Passt zu mediterranen Fischgerichten

Auch lecker zu mediterranen Fleischgerichten

DORADE AUS DEM OFEN
SUPER AROMATISCH

FÜR EINEN SCHÖNEN ABEND ZU ZWEIT

1 küchenfertige Dorade (ca. 500 g)
2 Knoblauchzehen
1 Bund Basilikum
1 Bund Estragon
½ Bund Petersilie
6 El Olivenöl
2 El Sherryessig
150 ml Fischfond
Salz
Pfeffer
2 Lorbeerblätter
Olivenöl für die Form

Zubereitungszeit: ca. 55 Minuten

1 Backofen auf 200 °C vorheizen. Dorade mit Küchenkrepp trocken tupfen. Knoblauchzehen schalen und grob würfeln. Die Kräuter, also Basilikum, Estragon und Petersilie, waschen und trocken schütteln. Blätter von je 3 Stängeln Basilikum und Estragon zusammen mit Knoblauch, Öl, Essig und Fischfond mit dem Stabmixer pürieren – aber nur kurz, die Masse soll noch ein bisschen stückig bleiben. Mit Salz und Pfeffer abschmecken.

2 Eine ofenfeste Form mit Olivenöl einfetten. Dorade von innen und außen leicht salzen, dann in die Form legen. Lorbeerblätter, Petersilie und die restlichen Basilikum- und Estragonzweige um die Dorade legen. Das Kräuteröl drübergießen und ab in den Ofen damit für ca. 35 Minuten.

 Dazu passen Salzkartoffeln (S. 101) und Zucchininudeln (S. 109)

WIE KRIEG ICH DIE GRÄTEN AUS DEM FISCH?

Mit einer Gabel von allen Seiten vorsichtig die Haut der Dorade einritzen. Dann mit einem Löffel von der Rückenseite aus vorsichtig an der Gräte entlanggehen und das obere Fischfilet von der Mittelgräte lösen und auf einen anderen Teller legen. Die Mittelgräte geht jetzt ganz leicht ab. Nun Kopf und Rippengräten (das sind die kleineren unten an der Dorade) ablösen, ebenso die Rückenflosse. Und schon ist das zweite Filet grätenbefreit. Das Gute an der Dorade: Die Gräten sind ziemlich gut sichtbar, ist also irgendwo noch etwas hängengeblieben, kann man es noch leicht herausfischen. Ach so – lässt sich das Fischfilet nicht leicht von der Mittelgräte lösen, heißt das, dass der Fisch noch nicht gar ist!

MATJESSALAT
NICHT NUR WAS FÜR FISCHKÖPPE

FÜR 4 SNACK-HUNGRIGE

8 Matjesfilets	250 ml Sahne
1 Zwiebel	1–2 El Zitronensaft
1–2 säuerliche Äpfel	Salz
4 Gewürzgurken	Pfeffer
1 Bund Dill	

Zubereitungszeit: ca. 1 ½ Stunden

1 Matjesfilets mit Küchenkrepp trocken tupfen, in 2 cm lange Stücke schneiden und in eine Schüssel legen. Zwiebel und Äpfel jeweils schälen, vierteln und in schmale Scheiben schneiden. Gewürzgurken in Scheibchen schneiden. Alles zu den Matjes in die Schüssel geben.

2 Dill waschen, trocken tupfen, dicke Stiele kommen weg, den Rest fein hacken. Sahne mit Zitronensaft verrühren, Dill unterheben und alles mit Salz und Pfeffer abschmecken. Ab damit zu Matjes & Co. und alles gut vermischen.

3 Schüssel abdecken und für 1–2 Stunden in den Kühlschrank stellen – ohne Durchziehen geht bei Matjessalat nämlich gar nichts! 20 Minuten vor dem Servieren aus dem Kühlschrank holen (zu kalt darf er beim Essen nämlich auch nicht sein), noch mal durchmischen und eventuell mit Salz und Pfeffer nachwürzen.

 **Köstlich dazu: Pellkartoffeln (S. 101)**

INSALATA DI FRUTTI DI MARE
SCHMECKT NACH URLAUB

FÜR 4 MEERESFRÜCHTE-FANS

500 g Kalmare (Tintenfisch, frisch oder TK)	2 Knoblauchzehen
125 ml trockener Weißwein (alternativ Brühe)	1 Chilischote
Saft von 2 Zitronen	6 El Olivenöl
Salz	Pfeffer
250 g geschälte, entdarmte Garnelen (frisch oder TK)	1 Bund glatte Petersilie

Zubereitungszeit: ca. 50 Minuten (plus 2–3 Stunden Marinierzeit)

1 Zuerst geht's den Kalmaren an den Kragen: Körper in Ringe, Tentakel (das sind die Fangarme) in Stücke schneiden (falls du tief-gekühlte Kalmare nimmst, lass sie vorher auftauen; gilt auch für die Garnelen). 750 ml Wasser mit Wein, Saft von ½ Zitrone und ¼ Tl Salz in einem Topf aufkochen. Zerschnibbelten Tintenfisch dazu und zu-gedeckt 10–15 Minuten garen, bis alles weich ist. Herausheben, ab-tropfen lassen und in eine Schüssel geben. Garnelen im selben Sud in 3–5 Minuten gar ziehen lassen – sie sind durch, sobald sie sich rosa verfärbt haben. Dann abgießen und zu den Tintenfischen geben.

2 Für die Marinade Knoblauch schälen und sehr fein würfeln. Chili putzen, waschen und in feine Streifen schneiden. Olivenöl mit 3–4 El Zitronensaft verrühren. Knoblauch und Chili dazu, mit Salz und Pfeffer abschmecken. Marinade gründlich unter die Meeresfrüchte mischen. Den Salat mindestens 2–3 Stunden im Kühlschrank ziehen lassen.

3 Den Salat ca. 10 Minuten vor dem Essen aus dem Kühlschrank nehmen, eiskalt fehlt das Aroma. Petersilie waschen, trocken schüt-teln und die Blättchen fein hacken. Den Salat noch mal gut durch-mischen, eventuell mit Salz, Pfeffer und Zitrone nachwürzen. Mit Petersilie bestreut servieren. Dazu schmeckt frisches Baguette.

GARNELEN MIT GEMÜSE VOM BLECH

EIN HAUCH VON MITTELMEER

FÜR 4 ALS SNACK

3 Knoblauchzehen

2 El Olivenöl

je ½ Tl getrockneter Oregano,
   getrocknetes Basilikum und
   getrockneter Estragon

Salz

Pfeffer

2 Zucchini

250 g Kirschtomaten

500 g geschälte, entdarmte
   Garnelen

120 g geriebener Parmesan

4 Zweige frische glatte Petersilie

2 El Zitronensaft

Zubereitungszeit: ca. 30 Minuten

1 Backofen auf 200 °C vorheizen. Ein Backblech mit Backpapier auslegen. Knoblauch schälen und fein würfeln. Mit Olivenöl, getrockneten Kräutern und je 1 Msp. Salz und Pfeffer vermengen.

2 Zucchini waschen, putzen und in ½ cm dicke Scheiben schneiden. Tomaten waschen und halbieren. Gemüse mit der Hälfte der Kräuter-Öl-Mischung vermengen, auf dem Backblech verteilen und ab in den Ofen damit für ca. 12 Minuten.

3 Garnelen trocken tupfen. Das Blech aus dem Ofen ziehen, Garnelen und restliche Ölmischung auf dem Gemüse verteilen und untermischen. Den Parmesan drüberstreuen. Für weitere 7 Minuten in den Ofen schieben.

4 Inzwischen Petersilie waschen, trocken schütteln, Blättchen abzupfen und fein hacken. Das Blech aus dem Ofen holen. Alles mit Zitronensaft beträufeln und die Petersilie drüberstreuen. Dazu schmeckt knuspriges Weißbrot.

MUSCHELN RHEINISCHE ART

SCHMECKEN AUCH AN ELBE, ISAR ODER SPREE

FÜR 4 MUSCHEL-FETISCHISTEN

2 kg küchenfertige
   Miesmuscheln

2 Zwiebeln

200 g Knollensellerie

250 g Möhren

1 Kräuktersträußchen aus
   Petersilie, Kerbel und Thymian

2 El Butter

400 ml trockener Weißwein
   (alternativ Brühe)

600 ml Gemüsebrühe

Salz

Pfeffer

Zubereitungszeit: ca. 40 Minuten

1 Zuerst mal die Muscheln begutachten: Muscheln, die schon geöffnet sind, gehören leider in den Müll, sie sind verdorben. Die Guten kommen in die zweite Runde und werden erst mal gründlich gewaschen.

2 Zwiebeln schälen und fein würfeln. Sellerie und Möhren waschen, putzen und schälen. Beides in kleine Würfel schneiden. Das Kräutersträußchen waschen und trocken schütteln.

3 Butter in einem großen Topf nicht zu heiß erhitzen. Wenn sie zu schäumen beginnt, Zwiebeln und Gemüse rein und ca. 4 Minuten anbraten, dann Weißwein und Brühe dazu. Jetzt die Muscheln und das Kräutersträußchen in den Topf. Salzen und pfeffern. Deckel drauf und alles etwa 10 Minuten köcheln lassen.

4 Nach der Garzeit Deckel auf – jetzt sollten sich alle Muscheln geöffnet haben. Die, die immer noch zu sind, auf jeden Fall aussortieren, sie sind ungenießbar. Kräutersträußchen rausfischen, das hat seinen Dienst jetzt getan und während des Kochens schön Aroma an den Sud abgegeben. Muscheln mit dem Gemüsesud auf Teller verteilen und ab auf den Tisch damit. Dazu schmeckt frisches Baguette oder typisch rheinisch: Schwarzbrot mit Butter.

NUDELN, REIS & CO.

**Nudeln machen glücklich!
Getreide auch!**

Nudeln und Getreide sind wahre Alleskönner!
Die sättigenden Küchenlieblinge überzeugen als
schnöde Beilage genauso wie als Hauptgericht.
Dabei sind sie alles andere als kleine Diven:
Du musst sie nicht einmal schälen und auch sonst
sind sie in der Zubereitung wirklich pflegeleicht.
Und damit du immer schön trendy bleibst,
zeig ich dir auch ein paar Gerichte mit ihren
genauso umgänglichen getreidigen Verwandten
Hirse und Quinoa.

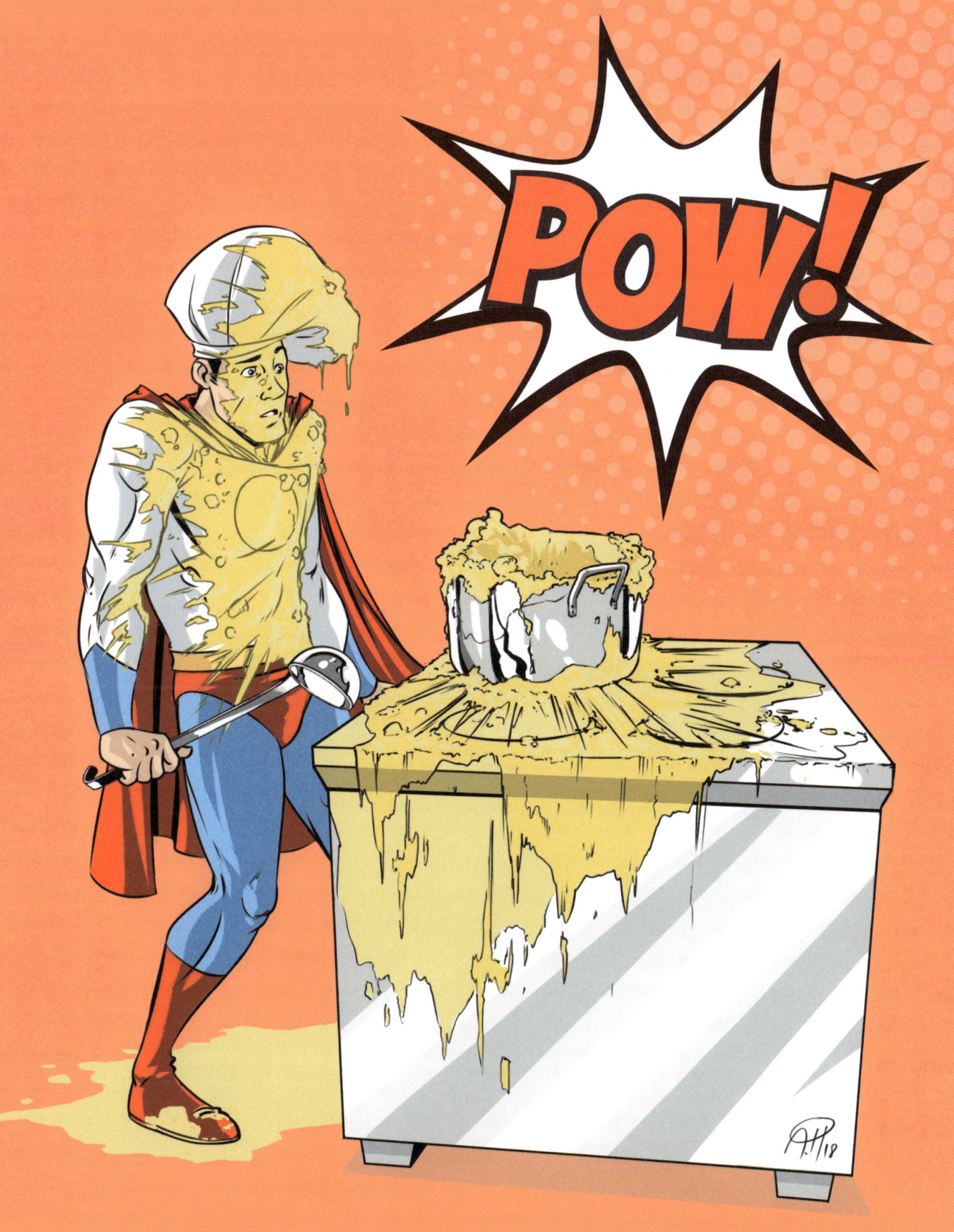

MITTENDRIN STATT NUR DABEI

Nudeln, Reis und anderes Getreide sind viel mehr als schnöde Sättigungsbeilagen. Ok, bei einigen Gerichten spielen sie mehr die Nebenrolle, aber bei vielen auch eine der Hauptrollen. Also: Bühne frei!

NUDELGLÜCK

Eigentlich ist ja die Kartoffel der Deutschen liebstes Kind. Aber Nudeln tummeln sich ähnlich oft auf deutschen Tellern – kein Wunder, sind sie doch so wandlungsfähig wie Heidis Topmodels, mindestens!

NUDELSORTEN

Lang oder kurz, geringelt oder glatt, gelb, rot oder grün, mit oder ohne Ei – Nudelsorten gibt es wie Sand am Meer. Angeblich soll es in Italien etwa 600 verschiedene Sorten geben, von denen 50 allgemein verbreitet sind.

Und wer soll da noch durchblicken? Du zum Beispiel! Letztlich ist es nämlich ganz einfach: je schwerer die Sauce, desto breiter die Pasta. Also: Für leichtere, flüssigere Saucen wie z. B. Tomatensauce oder Pesto sind lange, dünne Exemplare die Nudel der Wahl (z. B. Spaghetti, Linguine oder Bavette); breitere Nudeln wie Tagliatelle oder Fettucine passen gut zu sämigen Saucen mit Stückchen oder Käse, Fleischsaucen und Ragouts. Kurze Nudeln (z. B. Penne, Rigatoni, Orecchiette) sind perfekte Begleiter zu stückigen Gemüsesaucen oder dickflüssigen Käse- oder Sahnesaucen. Außerdem gilt: In Hohlräumen und auf geriffelten Oberflächen bleiben Saucen besser haften, logisch nicht?

Echte Italiener schwören darauf, dass sich jede Nudelsorte nur mit einer bestimmten Sauce perfekt vereinen kann. So würden sie übrigens auch niemals Spaghetti für Bologneser Sauce verwenden! Klaro, wir haben ja gelernt: Je schwerer die Sauce, desto breiter die Nudel! In Italien heißt die Sauce „Ragù alla bolognese" und wird mit Tagliatelle serviert. Die weltweit bekannte Spaghetti Bolognese findet man auf italienischen Speisekarten also gar nicht – dort heißt das Gericht „Tagliatelle al ragù". Witzig, ne?

KLEINES NUDEL-ABC

Steht hinter der Nudelbezeichnung ein „rigate" bzw. „rigati", so besitzt die Nudel eine gerillte Oberfläche; steht dahinter ein „lice" bzw. „lici" ist die Nudelfläche glatt. Mit „lunghe" bzw. „lunghi" wird die Nudel länger; mit „corte" bzw. „corti" kürzer; „elle" bzw. „elli" machen die Nudel breiter; „ette" bzw. „etti" schmaler. Die Endungen „ine" bzw. „ini" verkleinern die Nudel im Durchmesser oder in der Breite, „one" bzw. „oni" signalisieren eine besonders dicke oder breite Nudelform.

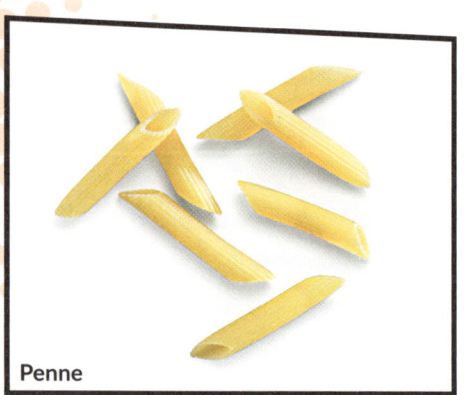

Penne

Tortellini

Tagliatelle

HARTWEIZENGRIESS ODER EIER?

Ob man Nudeln mit oder ohne Ei im Teig nimmt, ist eigentlich nur Geschmackssache. Eiernudeln sind etwas gelber und schmecken ein bisschen feiner, Hartweizengrieß-Nudeln sind fester und unauffälliger im Geschmack.

FRISCH ODER GETROCKNET?

Die meisten Nudelsorten stehen getrocknet im Supermarktregal. Und wann lohnt es sich, nach frischer Pasta aus dem Kühlregal zu greifen? Vor allem gefüllte Sorten wie Tortellini oder Ravioli schmecken natürlich besser bzw. sind überhaupt nur erhältlich in der frischen Variante. Im Gegensatz zu den trockenen halten sich die frischen Nudeln nicht lange, müssen im Kühlschrank verstaut und bald gekocht werden. Also: Beide haben ihre Vor- und Nachteile!

PERFEKT NUDELN KOCHEN

Nudeln kochen ist echt easy! Ein paar Kleinigkeiten solltest du aber beachten, wenn du zum Pasta-Hero avancieren möchtest. So werden deine Nüdelchen perfekt:

1 Zuerst bringst du ordentlich Salzwasser zum Kochen. Nudeln schwimmen gerne in viel Wasser! Wenn sie zusammengepfercht in einem engen Topf mit wenig Wasser vor sich hindümpeln, werden sie klebrig und nicht gleichmäßig gar. Viel Wasser braucht einen großen Topf – Faustregel: pro 100 g Nudeln 1 Liter Wasser. Und pro Liter Wasser 1 Teelöffel Salz.

2 Wenn das Wasser kocht: Nudeln rein und ohne Deckel bei mittlerer Hitze kochen. Nudeln lieben Wasser, das sprudelnd kocht – und nicht nur lahm ein bisschen vor sich hinblubbert. Damit sie nicht zusammenkleben, ab und zu umrühren. Bitte nicht: Öl ins Wasser! Das legt sich nämlich um die Nudeln und die können dann die Sauce nicht mehr aufnehmen.

3 Wie lange die Nudeln kochen müssen, steht auf der Packung. Aber: Pasta am besten nur „al dente" kochen – das heißt, die Nudeln sind gar, aber nicht weich oder gar zerkocht. Ruhig schon 2 Minuten vor Ablauf der Kochzeitangabe von der Packung mal probieren und abgießen, wenn sie noch richtig schön Biss haben. Sie garen nämlich dann noch ein bisschen nach.

4 Fertige Pasta in ein Nudelsieb abgießen, dabei ein bisschen von dem Nudelkochwasser auffangen und mit unter die Sauce und Nudeln mischen. Das macht die Sauce schön sämig und die Nudeln kleben nicht. Nudeln auf keinen Fall abschrecken! Das spült die Stärke ab und dann haftet die Sauce nicht mehr gut. Außerdem werden die Nudeln dann zu schnell kalt. Einzige Ausnahme: Nudeln für Nudelsalat.

WIEVIEL NUDELN PRO PERSON?

So unterschiedlich die Menschen und ihr Appetit – so unterschiedlich die Antwort auf diese Frage. Wenn du es folgendermaßen machst, kannst du nicht ganz falsch liegen: Bei getrockneten Nudeln als Hauptgericht sind 100–125 g üblich; als Beilage oder als Vorspeise 75 g. Bei frischen Nüdelchen, die mehr Feuchtigkeit enthalten und schwerer sind, kann's etwas mehr sein.

AL WAS? AL DENTE!

„Dente" heißt auf Italienisch „Zahn" – frei übersetzt bedeutet „al dente" also „für den Zahn" oder „was zum Draufbeißen". Passt, oder?

Basmati

Arborio

Naturreis

Wildreis

Parboiled-Reis

REIS ROCKT!

Zugegeben, das gemeine Reiskorn macht auf den ersten Blick jetzt nicht soooo viel her, neigt eher zum Understatement. Aber gekocht oder gebraten spielt es sein ganzes Können aus. Es punktet mit einer Menge an Powerstoffen und macht satt – ohne dabei wie ein Stein im Magen zu liegen. In Kombination mit ein paar aufpeppenden Zutaten ist Reis einfach eine super Sache!

WELCHER IST DEIN TYP?

Wusstest du, dass Reis zum Getreide gehört und mit unserem heimischen Weizen und Roggen verwandt ist? Es ist das meist verzehrte Lebensmittel auf der Welt. Was in Europa Brot ist, ist in Asien Reis. Aber Reis ist nicht gleich Reis! Es gibt die kleinen Körner in lang und kurz, dick und dünn, hell und dunkler. Und alle schmecken ein bisschen unterschiedlich. Grob gesagt lassen sie sich so einteilen:

Langkornreis
Dazu gehören z. B. Basmati- und Jasminreis, Patna-Reis und schwarzer Naturreis. Die Körner sind lang, schmal und glasig und bleiben nach dem Garen schön körnig. Super als Beilage, für Reispfannen oder Salate.

Rundkorn- und Mittelkornreis
Milchreis, Risotto-Reis, Paella-Reis, Klebreis – das sind alles oval-rundliche Körner, die beim Kochen schön weich und klebrig werden. Und genau das möchte man ja bei Milchreis, Risotto & Co. Die bekannteste Mittelkornreissorte ist der Arborio-Reis – der klassische Reis für Risottogerichte.

MIT HÜLLE ODER OHNE?

Reis gehört wie schon gesagt zum Getreide – und wie dieses werden die Rispen der Graspflanze nach dem Ernten zuerst gedroschen. So fallen die Körner raus, die allerdings noch in der Strohhülse sitzen und ungenießbar sind. Von diesem Rohreis wird dann die Strohhülse entfernt. Reis in dieser Form trägt noch die Samenschale und den Keim. In der weiteren Verarbeitung werden sowohl Schale als auch Keim entfernt, dann wird Bruchreis herausgesiebt. Dieser sogenannte Weißreis wird schließlich poliert, das heißt, der Mehlstaub wird entfernt. Je nachdem, wie die Reiskörnchen nach der Ernte verarbeitet werden, unterscheidet man:

Natur- oder Vollkornreis
Bleibt ungeschält und enthält daher deutlich mehr Vitalstoffe als weißer, geschälter Reis. Schmeckt nussig und macht besonders lange satt.

Parboiled-Reis
Bei dieser Methode wird der Reis so mit heißem Wasserdampf behandelt, dass ein Teil der Vitamine und Mineralstoffe aus den Randschichten in das Innere des Kornes eindringt. Somit kann Parboiled-Reis auch nach dem Schälen noch mit einer Reihe von Nährstoffen aufwarten. Mit Naturreis kann er allerdings nicht mithalten.

Weißer Reis
Ist geschält und poliert und hat so gut wie keine wertvollen Vitalstoffe mehr.

PERFEKT REIS KOCHEN

Reiskochen ist eine kinderleichte Sache. Für perfekt gegarten Reis gibt es verschiedene Wege zum Ziel, und zwar:

Quellmethode
- 1 Tasse Langkornreis in einem Sieb ordentlich unter fließendem Wasser waschen und abtropfen lassen – so wird die Stärke abgewaschen, die den Reis beim Garen klebrig machen würde.
- Reis mit 2 Tassen Wasser (Vollkornreis braucht etwas mehr) und einer guten Prise Salz in einen Topf geben, Deckel drauf und aufkochen.
- Hitze runterstellen und Reis auf kleiner Stufe in ca. 20 Minuten (bzw. so lange, wie auf der Packung steht) ausquellen lassen, bis er das ganze Wasser aufgenommen hat.

Super für Basmati-, Jasmin- und Thaireis.

Wassermethode
- Einen Topf mit 6 Tassen Wasser zum Kochen bringen. Salzen. 1 Tasse Langkornreis rein, umrühren, noch mal aufkochen lassen.
- Bei schwacher Hitze etwa 20 Minuten (bzw. so lange, wie auf der Packung steht) köcheln lassen, bis der Reis weich ist.
- In ein Sieb abgießen und abtropfen lassen.

REIS AUS DEM KOCHBEUTEL?

Lieber nicht! Wieso, ist doch praktisch, denkst du? Vielleicht, aber völlig unnötig. Reiskochen ist auch ohne Beutel-Hilfe ein Klacks – und jeder Reisfan wird dir sagen, dass loser Reis viel besser schmeckt. Glaub ihm!

POWER-KÖRNER

Wie du schon gelernt hast: Reis ist ein Getreide. Auch aus anderen Getreidesorten wie Hirse oder Dinkel lassen sich köstliche Gerichte zaubern. Und dann gibt es da noch die sogenannten Pseudogetreide. Keine Sorge, ich bring sofort Licht ins Dunkel!

GETREIDE UND PSEUDOGETREIDE

Nicht alles, was körnig aussieht, ist ein Getreide. Schon mal von Pseudogetreide gehört? Sieht aus wie Getreide, wird verwendet wie Getreide, ist aber keins. Wie z. B. Quinoa und Amaranth. Das wurde beides schon vor Jahrtausenden von den Inkas in Südamerika angebaut und galt als „Wunderkorn". Heute weiß man auch warum: Die Körner stecken bis obenhin voll mit guten Nährstoffen und geben richtig Power. Auch Buchweizen gehört zu den Pseudogetreiden.

Hirse, Couscous, Bulgur – auch von der Körner-Fraktion, aber die sind wirklich Getreide, nicht nur so verkleidet. Hirse liegt dabei ganz vorne, was Vitalstoffe angeht. Couscous ist ja nichts anderes als Hartweizen (manchmal auch Gerste oder Hirse), der erst zu Grieß gemahlen, dann befeuchtet und zum Schluss zu Kügelchen zerrieben wird. Bulgur ist auch aus Hartweizen und wird ähnlich hergestellt, nur sind die Kügelchen größer.

ÖKO-KORN WAR GESTERN!

Okay, jetzt wissen wir, dass die Körner ziemlich gesund sind. Das ist schon mal gut. Aber was haben sie denn noch zu bieten? Erstens: Sie schmecken spitzenmäßig. Zweitens: Sie sind super vielseitig und passen z. B. als Porridge zum Frühstück, gekocht oder gedämpft als Beilage, als Salatzutat, in Suppen und Eintöpfe oder als Mehl verpackt in Brot und Kuchen. Und drittens: Es ist doch immer cool, was Neues auszuprobieren, oder?

Bulgur

Couscous

SCHINKEN-SPAGHETTI
CARBONARA DE LUXE

FÜR 4 MIT PASTA-HUNGER

Salz	200 ml Sahne
100 g Parmesan	75 g Katenschinkenwürfel
½ Bund glatte Petersilie	3 Eier
½ Gemüsezwiebel	Pfeffer
500 g Spaghetti	Muskat
2 El Olivenöl	2 Eigelb

Zubereitungszeit: ca. 25 Minuten

1 Bei diesem Rezept ist das Timing wichtig! Spaghetti und Sauce sollten möglichst zeitgleich fertig sein – das Warten auf den anderen tut nämlich keinem von beiden gut! Also zuerst das Nudelwasser (reichlich und gesalzen) aufsetzen. Dann schon mal den Parmesan reiben. Petersilie waschen, trocken schütteln und die Blättchen hacken. Zwiebel schälen und fein würfeln. Jetzt kocht hoffentlich das Wasser, dann die Spaghetti rein.

2 Inzwischen Olivenöl in einem Topf erhitzen, Zwiebel darin etwa 5 Minuten bei mittlerer Hitze anbraten. Sahne, Schinkenwürfel, Eier und die Hälfte vom Parmesan dazugeben. Alles unter Rühren erhitzen, bis die Masse schön cremig ist. Aber Achtung, sie darf nicht zu heiß werden und schon gar nicht kochen, sonst gerinnen die Eier und es ist vorbei mit der Cremigkeit! Mit Salz, Pfeffer und Muskat würzen. Zuletzt die Eigelbe gründlich unterrühren – das nennt man Legieren und das gibt der Sauce die tolle sämige Bindung.

3 So – sind die Nudeln soweit? Dann in ein Sieb abgießen, abtropfen lassen und direkt zurück in den Topf schütten. Sauce drübergießen und alles zügig vermengen. Sofort auf Teller verteilen und mit dem restlichen Parmesan und der Petersilie bestreuen. Lecker!

 **Hierzu lecker: Salat mit Pistaziendressing (S. 26)**

SPAGHETTI MIT VEGGIE-BOLO
SO GUT WIE DAS ORIGINAL

FÜR 4 NORMALHUNGRIGE

300 ml Gemüsebrühe	1 Tl brauner Zucker
100 g feine Sojaschnetzel	1 Tl Paprikapulver edelsüß
½ Gemüsezwiebel	400 g passierte Tomaten
1 Möhre	aus der Dose
2 Stangen Staudensellerie	1 El getrockneter Oregano
2 rote Paprikaschoten	Salz
1 milde Chilischote	Pfeffer
2 El Olivenöl	100 g Parmesan
2 El Tomatenmark	500 g Spaghetti

Zubereitungszeit: ca. 1 Stunde 20 Minuten

1 Brühe erhitzen, Sojaschnetzel rein und etwa 30 Minuten einweichen. Gemüsezwiebel schälen und würfeln. Möhre putzen, schälen und in kleine Würfel schneiden. Staudensellerie waschen, putzen und ebenfalls klein würfeln. Paprikaschoten halbieren, putzen, waschen und in Streifen schneiden. Chili halbieren, putzen, waschen und klein würfeln.

2 Öl in einem Topf erhitzen, das vorbereitete Gemüse hinein und bei mittlerer Hitze etwa 7 Minuten anbraten. Tomatenmark, Zucker und Paprikapulver einrühren und 2 Minuten mitbraten. Jetzt Sojaschnetzel samt Brühe, passierte Tomaten und Oregano mit in den Topf, alles verrühren und mit Salz und Pfeffer würzen. Deckel drauf und bei milder Hitze etwa 20 Minuten köcheln lassen, dabei ab und an umrühren. Nach der Hälfte der Kochzeit den Deckel abnehmen.

3 Während die Sauce köchelt, Parmesan reiben und Spaghetti bissfest kochen – in viel Salzwasser, Kochzeit steht auf der Packung. Nudeln in ein Sieb abgießen, abtropfen lassen und mit der Veggie-Bolo und Parmesan servieren.

RÄUCHERLACHS-PENNE
ANGEBER-ESSEN MIT MINIMALEINSATZ

FÜR 4 FAULE GENIESSER

2 kleine Zwiebeln	2 El Butter
2 unbehandelte Zitronen	200 ml Weißwein
6 Stängel Dill	400 g Penne
6 Stängel Kerbel	2 Tl Salz
1 Bund Schnittlauch	200 ml Sahne
250 g Räucherlachs	½ Tl zerstoßener roter Pfeffer

Zubereitungszeit: ca. 40 Minuten

1 Für dieses One-Pot-Wunder genügt ein einziger Topf – Sauce und Nudeln köcheln gemeinsam den Tellern entgegen, das geht ratzfatz und wird besonders aromatisch! Los geht's: Zwiebeln schälen und fein würfeln – das kannst du jetzt bestimmt schon im Schlaf. Zitronen heiß abspülen, trocken reiben und mit einer Küchenreibe die Schale fein abreiben (Achtung, nur das Gelbe, das Weiße darunter schmeckt bitter). Dill und Kerbel waschen, trocken schütteln und die Blättchen fein hacken. Schnittlauch ebenfalls waschen, trocken schütteln und in kleine Röllchen schneiden. Räucherlachs in schmale Streifen schneiden.

2 Butter in einem großen Topf schmelzen lassen, Zwiebeln darin bei mittlerer Temperatur anschwitzen. Mit Weißwein ablöschen – den Wein also in den heißen Topf schütten, es darf ruhig zischen. Kurz einköcheln lassen, bis ein bisschen was von der Flüssigkeit verkocht ist. Und jetzt: Penne dazu, Salz, Sahne, 500 ml Wasser und Zitronenschale ebenfalls. Alles einmal aufkochen lassen. Hitze wieder etwas runterdrehen, Deckel drauf und bei mittlerer Hitze 7–10 Minuten köcheln lassen. Zeit zum Tischdecken!

3 Wenn die Penne gar sind und alles schön cremig aussieht, Kräuter und Lachsstreifen in den Topf und einmal gut durchmengen. Zum Schluss mit dem roten Pfeffer bestreuen, das macht optisch ordentlich was her.

KÄSESPÄTZLE MIT RÖSTZWIEBELN
DEFTIGES SEELENFUTTER

FÜR 4 ALMHÜTTENFANS

400 g Mehl	3 El Butter
Salz	125 g frisch geriebener
4 Eier	Emmentaler
2 Zwiebeln	

Zubereitungszeit: ca. 1 Stunde

1 Mehl und ½ Tl Salz in einer Schüssel mischen. Eier dazu und unterrühren – bei Spätzleteig macht man das klassischerweise mit einem Kochlöffel. Etwa 200 ml Wasser in den Teig gießen und alles mit dem Kochlöffel zu einem glatten, dickflüssigen Teig verrühren. Den Teig so lange schlagen, bis er anfängt, Blasen zu bilden. Abgedeckt etwa 30 Minuten ruhen lassen.

2 In einem großen Topf reichlich Wasser mit etwas Salz zum Kochen bringen. Jetzt kommt die Spätzlepresse oder der Spätzlehobel zum Einsatz: Spätzleteig portionsweise durch die Presse oder den Hobel in den Topf drücken. Spätzle im Wasser ziehen lassen, bis sie an der Oberfläche schwimmen. Mit einer Schaumkelle rausfischen, abtropfen lassen und in eine Schüssel geben. So weitermachen, bis der Teig aufgebraucht ist.

3 Zwiebeln schälen und in dünne Ringe schneiden. 1 El Butter in einer Pfanne erhitzen und die Zwiebelringe darin goldbraun braten. Herausnehmen. Restliche Butter erhitzen, Spätzle darin schwenken. Käse gut unterrühren und kurz schmelzen lassen. Zum Schluss die Röstzwiebeln drüberstreuen.

 **Dazu passt: Grüner Salat
mit Kräuter-Senf-Sauce (S. 32)**

SCHOCK-VERLIEBT!

LASAGNE
IMMER WIEDER GUT

FÜR 4 ITALO-KLASSIKER-FANS

FÜR DIE HACKSAUCE:
1 Zwiebel
1 Knoblauchzehe
1 Möhre
50 g Knollensellerie
2 El Olivenöl
400 g gemischtes
   Hackfleisch
900 g Pizzatomaten
   aus der Dose
Salz
Pfeffer

FÜR DIE BÉCHAMEL-SAUCE:
2 El Butter
3 El Mehl
300 ml Milch
Salz

AUSSERDEM:
1 Kugel Mozzarella
80 g Parmesan
500 g Lasagneblätter
   (ohne Vorkochen)
Butter für die Form

Zubereitungszeit: ca. 1 Stunde 15 Minuten

1 Für die Hacksauce Zwiebel und Knoblauch schälen und klein würfeln. Möhre und Sellerie putzen, schälen und klein würfeln. Öl in einer Pfanne erhitzen, das Gemüse etwa 10 Minuten darin bei mittlerer Hitze anbraten, dabei immer wieder rühren. Hack dazu, Hitze auf volle Pulle und gut anbraten. Damit es krümelig wird, immer wieder mit einem Kochlöffel zerdrücken und rühren. Tomaten unterrühren und mit Salz und Pfeffer abschmecken. Hitze runter und 10 Minuten köcheln lassen.

2 Für die Béchamelsauce Butter in einem Topf schmelzen, dann das Mehl flott mit einem Schneebesen einrühren. Nach und nach die Milch einrühren – immer schön weiterquirlen mit dem Schneebesen, wir wollen nämlich keine Klümpchen. Sauce einmal aufkochen, leicht salzen, dann etwa 5 Minuten bei niedriger Hitze köcheln lassen.

3 Backofen auf 200 °C vorheizen. Mozzarella in dünne Scheiben schneiden, Parmesan reiben. Eine Auflaufform (oder wer mag und hat, mehrere kleine Formen) mit Butter einfetten. Dann: Soviel Béchamelsauce auf den Boden der Form, dass er gut bedeckt ist. Darauf eine Lage Lasagneblätter – je nach Form muss man die Blätter ein bisschen zurechtbrechen, damit sie passen. Auf die Lasagneblätter eine Schicht Hackfleischmasse. Dann wieder Béchamelsauce, Nudelblätter, Hack – so lange, bis alle Zutaten aufgebraucht sind. Ganz oben Béchamelsauce und darauf die Mozzarellascheiben und den Parmesan. Lasagne im Ofen etwa 40 Minuten goldbraun backen.

SUPER-SAUCEN-SPECIAL

Was wär die raffinierteste Nudel ohne Sauce?
Lecker, ok – aber doch auch ganz schön langweilig.
3 beliebte Klassiker servieren wir dir hier.
Ab sofort kannst du dir den Weg zum Italiener
um die Ecke sparen!

TOMATENSAUCE

FÜR 4 POMODORIS 1 kg Tomaten | 2 El Olivenöl | 2 gewürfelte Schalotten | 1 gewürfelte Knoblauchzehe | ggf. etwas Brühe | Salz | Pfeffer | Zucker | ½ Tl Basilikum

Zubereitungszeit: ca. 1 Stunde

Tomaten häuten (das geht am besten, wenn du sie vorher kreuzförmig einritzt und kurz in kochendes Wasser legst), entkernen und in Würfel schneiden. Olivenöl in einem Topf erhitzen. Schalotten und Knoblauch darin anbraten. Tomaten dazugeben. Ggf. etwas Brühe zugeben, falls es dir zu dick ist. Mit den Gewürzen abschmecken. Bei schwacher Hitze mindestens 30 Minuten köcheln lassen.

PESTO

FÜR 3–4 BASILIKUM-LIEBHABER 120 g Basilikumblätter | 15 g geröstete Pinienkerne | 1 gewürfelte Knoblauchzehe | Salz | 15 g Parmesan | 15 g Pecorino | 100 ml Olivenöl | Pfeffer

Zubereitungszeit: ca. 30 Minuten

Basilikum, Pinienkerne, Knoblauch und Salz mit dem Stabmixer zu einer Paste vermixen. Parmesan und Pecorino dazugeben und untermixen. Olivenöl einfließen lassen und unterrühren. Mit Salz und Pfeffer abschmecken.

BOLOGNESE

FÜR 4 BOLO-FANS 2 El Olivenöl | 1 gewürfelte Zwiebel | 1 gewürfelte Knoblauchzehe | 500 g Hackfleisch | 100 ml Rotwein | 100 ml Brühe | 1 kleine Dose stückige Tomaten | 150 g Möhren in Würfeln | 150 g Staudensellerie in Würfeln | 1 Lorbeerblatt | Salz | Pfeffer | Zucker | ½ Tl Oregano

Zubereitungszeit: ca. 1 Stunde

Olivenöl in einem Topf erhitzen. Zwiebel und Knoblauch darin anbraten. Hack dazugeben und anbraten. Mit Rotwein und Brühe ablöschen. Tomaten mit Saft, Möhren, Sellerie und Lorbeerblatt dazu. Mit den Gewürzen abschmecken. Bei schwacher Hitze mindestens 30 Minuten köcheln lassen.

REISPFANNE MIT WURSTBÄLLCHEN
EINFACH UND SUPERLECKER

FÜR 4 KOCHFAULE

250 g Mini-Mozzarellakugeln	800 g stückige Tomaten
2 rote Zwiebeln	aus der Dose
400 g rohe Bratwürstchen	1 Tl Salz
300 g Reis	1 Msp. Pfeffer

Zubereitungszeit: ca. 45 Minuten

1 Mozzarella abtropfen lassen. Zwiebeln schälen und fein würfeln. Das Bratwurstbrät aus den Würstchen drücken und daraus Kugeln von ca. 2 cm Durchmesser formen.

2 Die Wurstbällchen in einer heißen, beschichteten Pfanne 4–5 Minuten rundherum anbraten. Zwiebeln zugeben und 1 Minute mitbraten. Reis, Tomaten, 100 ml Wasser, Salz und Pfeffer zugeben, umrühren und die Mozzarellakugeln obendrauf verteilen. Deckel drauf und alles bei kleiner Hitze 25–30 Minuten köcheln lassen. Einfacher geht's nun wirklich nicht!

PAPRIKA-REISTOPF
LECKER MIT METTWURST

FÜR 4, DIE ES DEFTIG MÖGEN

200 g Mettwurst	5 Tomaten
50 g Speck	200 g Reis
1 Zwiebel	350 ml heiße Fleischbrühe
2 Knoblauchzehen	Salz
2 rote Paprikaschoten	Pfeffer
200 g kleine Champignons	1 Prise Zucker

Zubereitungszeit: ca. 45 Minuten

1 Mettwurst in feine Scheiben schnibbeln (ggf. vorher die Pelle entfernen). Speck würfeln. Zwiebel und Knoblauch schälen und fein würfeln. Paprika putzen, waschen und fein würfeln. Champignons mit Küchenkrepp abreiben, die Stielenden knapp abschneiden und die Pilze je nach Größe halbieren oder vierteln. Tomaten waschen, Stielansätze rausschneiden und in 2 cm große Würfel schneiden.

2 Die Champignons in einem beschichteten Topf ohne Fett scharf anbraten. Speck, Zwiebel und Knoblauch zugeben und 1–2 Minuten mitbraten. Reis, Mettwurst, Paprika, Tomaten und Brühe in den Topf geben, mit Salz, Pfeffer und Zucker abschmecken. Bei mittlerer Hitze und geschlossenem Deckel ca. 20 Minuten köcheln lassen. Den Reistopf vor dem Servieren gut durchrühren und noch einmal abschmecken.

 **Hierzu lecker: Gemischter Salat mit Kräuter-Senf-Sauce (S. 32)**

RISOTTO MILANESE
ITALIENISCHER KLASSIKER

FÜR 4 GOURMETS

1 Zwiebel	50 ml trockener Weißwein
1 l heiße Gemüsebrühe	(alternativ Brühe)
½ Tl Safranfäden	400 g Risottoreis
50 g Butter	50 g frisch geriebener Parmesan

Zubereitungszeit: ca. 30 Minuten

1 Zwiebel schälen und fein würfeln. Brühe erhitzen und Safran einrühren. 2 El Butter in einem großen Topf schmelzen, Zwiebel rein und glasig anschwitzen. Wein dazugießen und bei mittlerer Hitze fast komplett verkochen lassen.

2 Reis in den Topf geben und unter Rühren etwa 1 Minute andünsten, bis er gut mit Flüssigkeit überzogen ist. Und nun kommt das, was dieses schlichte Rezept ein bisschen lästig macht: rühren, rühren, rühren. Damit das Risotto am Schluss diese fantastische Cremigkeit mit Biss bekommt, kann man jetzt nämlich nicht einfach die ganze Brühe auf einmal in den Topf kippen und warten, dass der Reis weich ist. Sondern: 1 Kelle Brühe rein, rühren, rühren, bis die Flüssigkeit fast aufgesogen ist. Wieder 1 Kelle Brühe rein, rühren, usw. Nach etwa 20 Minuten müsste die gesamte Brühe verbraucht und der Reis schön cremig, aber noch bissfest sein.

3 Dann: Restliche Butter und Parmesan unterrühren und das Risotto abgedeckt noch ein paar Minuten ziehen lassen. Sofort auf den Tisch damit – sonst wird es zu fest und klebrig.

 **Hierzu vorab oder dazu: Ceasar's Salad (S. 26)**

CURRYREIS MIT BOHNEN
HOT & SPICY

FÜR 4 MUTIGE

1 Zwiebel	1 Tl gemahlener Koriander
3 Knoblauchzehen	1 Tl gemahlener Kreuzkümmel
1 Stück Ingwer (ca. 1 cm)	1 Tl schwarze Sesamsamen
1 Chilischote	200 g Reis
1 kleines Bund Koriander	250 g stückige Tomaten
480 g Kidneybohnen	aus der Dose
aus der Dose	1 Tl Salz
2 El Öl	1 El Agavendicksaft

Zubereitungszeit: ca. 50 Minuten

1 Zwiebel, Knoblauch und Ingwer schälen und fein würfeln. Chili halbieren, putzen, waschen und ebenfalls fein würfeln. Koriander waschen, trocken schütteln und die Blättchen fein hacken. Kidneybohnen in einem Sieb abspülen und abtropfen lassen.

2 Öl in einem Topf erhitzen, die gemahlenen Gewürze und die Sesamsamen darin anbraten. Zwiebel und Knoblauch dazu und 1 Minute mitbraten, dann den Reis in den Topf geben und untermengen.

3 Tomaten, Ingwer, Chili, Salz, Agavendicksaft und 300 ml Wasser zugeben und alles einmal aufkochen. Deckel drauf und bei mittlerer Hitze etwa 25 Minuten köcheln lassen. Zwischendurch mal schauen, ob der Reistopf nicht zu trocken wird – sonst noch etwas Wasser nachgießen. Nach etwa 20 Minuten die Kidneybohnen dazugeben. Ganz zum Schluss den gehackten Koriander gründlich unterrühren.

CHAMPIGNON-QUINOTTO
RISOTTOS HIPPER BRUDER

FÜR 4 EXPERIMENTIERFREUDIGE

150 g weißer Quinoa
5 g getrocknete Steinpilze
400 g kleine Champignons
1 Zwiebel
3–4 Zweige Thymian
100 g Parmesan

150 ml Weißwein
  (alternativ Brühe)
1 Tl Salz
1 Msp. Pfeffer
100 ml heiße Gemüsebrühe

Zubereitungszeit: ca. 45 Minuten

1 Quinoa in einem Sieb unter heißem fließendem Wasser gründlich waschen, dann abtropfen lassen. Steinpilze in einer Schüssel mit 50 ml kochendem Wasser übergießen.

2 Champignons mit Küchenkrepp abreiben, Stielenden knapp abschneiden und die Pilze je nach Größe halbieren oder vierteln. Zwiebel schälen und fein würfeln. Thymian waschen, trocken schütteln und die Blättchen von den Zweigen streifen. Steinpilze aus dem Wasser nehmen und fein würfeln, das Wasser aufheben. Parmesan reiben.

3 Quinoa mit Steinpilzen samt Einweichwasser, Wein, Salz, Pfeffer, Brühe, Parmesan, Thymian und Zwiebeln in einem Topf vermengen. Obendrauf die Champignons. Deckel drauf, einmal aufkochen, dann bei mittlerer Hitze ca. 20 Minuten köcheln lassen. Dabei ab und zu umrühren – wird es zu trocken, noch ein bisschen Wasser dazugießen. Bevor das Quinotto auf den Teller kommt, noch mal gründlich verrühren.

 **Lecker dazu: Schnitzel mit Rahmsauce (S. 56)**

HIRSE-SÜSSKARTOFFEL-TOPF
MACHT SÜCHTIG

FÜR 4 NEUGIERIGE

2 Süßkartoffeln
3 Möhren
1 rote Chilischote
2 Zwiebeln
250 g Hirse
4 El Erdnussbutter

½ Tl Salz
700 ml heiße Gemüsebrühe
100 ml Sahne
2–3 El gehackte geröstete
  Erdnüsse

Zubereitungszeit: ca. 50 Minuten

1 Süßkartoffeln und Möhren putzen, schälen und klein würfeln. Chili halbieren, putzen, waschen und fein würfeln. Zwiebeln schälen und fein würfeln.

2 Hirse in ein Sieb geben und unter fließendem heißem Wasser waschen. Abtropfen lassen, dann mit Süßkartoffeln, Möhren, Chili, Zwiebeln, Erdnussbutter, Salz, Gemüsebrühe und Sahne in einen Topf geben. Einmal aufkochen, dann die Hitze auf mittlere Stufe runterdrehen und alles mit geschlossenem Deckel etwa 30 Minuten köcheln lassen. Wenn es zu trocken wird oder fast anbrennt, noch etwas Wasser nachgießen.

3 Zum Schluss den Hirsetopf noch mal gut durchmengen und mit den gehackten Erdnüssen bestreut servieren.

 **Ein super Kontrast dazu: Frikadellen (S. 57)**

MILCHREIS MIT HEISSEN KIRSCHEN
SCHMECKT NICHT NUR KIDS

FÜR 4 SÜSSSCHNÄBEL

200 g Milchreis
900 ml Milch
2 Msp. gemahlene Vanille
1 Prise Salz
350 g Süßkirschen aus dem Glas
30 g brauner Zucker
20 g Kokosflocken
1 Tl Zimt

Zubereitungszeit: ca. 40 Minuten

1 Milchreis mit Milch, Vanille und Salz in einen beschichteten Topf geben. Aufkochen, dann die Hitze zurückschalten und den Milchreis bei ganz niedriger Hitze und mit Deckel etwa 30 Minuten gar ziehen lassen. Währenddessen immer mal wieder umrühren.

2 Kirschen mit etwas von dem Saft in einen Topf geben und langsam erhitzen. Zucker, Kokosflocken und Zimt in einer kleinen Schüssel mischen.

3 Milchreis mit den heißen Kirschen und der Zucker-Kokos-Mischung bestreut servieren.

KARTOFFELN & GEMÜSE

Cooking Hero goes green!

Kartoffeln magst du bestimmt. Auf jeden Fall als Pommes, nicht wahr? Mag doch jeder. Aber Gemüse? Geht auch ohne, oder? Gemüsemuffel, lass dir eines gesagt sein: Gemüse funzt – voll lecker, viele Vitamine, wenig Potential für Fettpölsterchen. Ich zeig dir viele superköstliche Gemüserezepte – die meisten davon veggie. „Oh Gott, auch das noch!", denkst du? Ganz ruhig! Du wirst dein geliebtes Fleisch garantiert nicht vermissen – versprochen!

BEST FRIENDS

Fleisch, mach dich vom Acker! Hier geht's mal nicht primär um dich, sondern um deine „grünen" Freunde. Viele davon begleiten dich durchs Leben, als Beilage oder Sattmacher. Andere kennst du nicht. Sie wollen dich auch gar nicht kennenlernen. Sorry, Veggies halt!

TOLLE KNOLLE

Good old Kartoffel – wie wir dich alle lieben! Mit dir wird es nie langweilig. Erst so unscheinbar, braun und knubbelig und dann so herrlich knusprig als Fritte, weich und cremig als Püree, braungebrannt und kross aus der Bratpfanne oder halb versteckt unter Sahne und Käse als Auflauf oder Gratin. Schön, dass es dich gibt!

ERNTEZEIT

Kartoffeln werden in der Regel von Mai/Juni bis Oktober geerntet. Bestimmt hast du im Laden im Frühsommer schon mal Speisefrühkartoffeln gesehen. So dürfen sich alle Kartoffeln nennen, die vor dem 11. August geerntet werden. Ihre Schale ist ganz zart und lässt sich ganz einfach abreiben. Frühkartoffeln können nur maximal 2 Wochen aufbewahrt werden. Zum Lagern eignen sich spätere Kartoffelsorten.

Alleine in Deutschland sind etwa 160 Kartoffelsorten zugelassen, weltweit gibt es derzeit – wer hätte das gedacht – 2000 amtlich registrierte Kartoffelsorten!

COOLE TYPEN

Vielleicht hast du beim Kartoffelkaufen schon mal gemerkt, dass es unterschiedliche Typen gibt. Nicht jede Kartoffel eignet sich nämlich gleich gut für jede Anwendung. Die einen zerfallen beim Kochen, andere bleiben fest. Ab sofort blickst du voll durch:

- **Festkochend:** dieser Kartoffeltyp bleibt beim Kochen, Braten und Backen in Form, behält also seine Struktur und fällt nicht auseinander. Eignet sich daher gut für Bratkartoffeln, Kartoffelsalat, Pommes und auch Salz- und Pellkartoffeln.
- **Vorwiegend festkochend:** der Tausendsassa unter den Kartoffeltypen, weil er die ganze Bandbreite zwischen „ganz klar festkochend" und „ganz klar mehlig kochend" abdeckt. Damit geht eigentlich fast alles: Salz- und Pellkartoffeln, Aufläufe, Eintöpfe, Rösti, Pommes.
- **Mehligkochend:** dieser Knollentyp bricht beim Garen auf und verbindet sich gern mit allen möglichen Flüssigkeiten. Perfekt für Suppen, Eintöpfe, Püree oder als Ofenkartoffel.

SO BLEIBT DIE KARTOFFEL TOP

Kartoffeln mögen's kühl und dunkel, sonst färben sie sich grün und bilden den giftigen Stoff Solanin. Außerdem sprießen Triebe aus den Kartoffeln – sie fangen an zu keimen! Am wohlsten fühlen sich die Knollen daher im Keller. Wer keinen hat, kann sie im Herbst und Winter auch gut abgedeckt auf dem Balkon aufbewahren, aber nur, wenn es nicht friert!

FRAUEN-POWER

Warum haben Kartoffelsorten eigentlich so oft weibliche Namen? Die einfachste Theorie: weil es „die" Kartoffel heißt und nicht „der" Kartoffel. Sonst hätten wir statt Sieglinde, Annabelle und Nicola vielleicht Heinz, Peter und Benjamin. Die andere Theorie: Früher haben die Bauern ihre Kartoffeln nach der schönsten Tochter benannt.

RAUS AUS DEM WASSER

Kartoffeln abzugießen, geht am besten, wenn man den Deckel so auflegt, dass an einem Topfrand ein kleiner Spalt offen ist. Dann mit Topflappen den Topf an den Henkeln fassen, dabei den Deckel fixieren, schnell übers Spülbecken und das Wasser durch den Spalt ausgießen.

Aber was tun, wenn's doch grünt und sprießt? Grüne Stellen musst du unbedingt großzügig abschneiden. Bei keimenden Kartoffeln kommt es drauf an. Ist die Kartoffel verschrumpelt und mit Knospen übersät: sofort weg damit! Ist sie noch prall und hat nur wenige kurze Knospen: großzügig schälen!

GEMÜSE IST DEIN NEUES FLEISCH

Gemüse ist für dich ödes Grünzeug? Höchstens als Beilage akzeptabel? Sollen doch die Hasen essen? Schon klar … Auch hier sieht man mal wieder, dass du noch viel lernen musst! Ich zeig dir, dass Gemüse richtig Spaß machen kann und viel mehr ist als langweiliges Beiwerk. Gemüse rockt!

SAISONAL UND REGIONAL

Je frischer und reifer die Ernte, desto mehr Vitamine sind drin und desto besser schmecken die Knollen, Blätter und Stängel, logisch nicht? Daher gilt: Möglichst immer Gemüse kaufen, das gerade Saison hat und vor der Haustür wächst! Gemüse, das um die halbe Welt gereist ist, kann nicht mehr taufrisch sein. Außerdem ist Importware viel teurer. Und last but noch least auch schlecht für die Umwelt! Also: Erdbeeren im Mai und nicht zu Weihnachten und im Herbst immer schön Kürbissuppe kochen! Du weißt nicht, was wann Saison hat? Dann schau in den praktischen Saisonkalender auf S. 99!

GEMÜSE AUFBEWAHREN

Die meisten Gemüsesorten werden am besten im Gemüsefach des Kühlschranks gelagert. Es gibt allerdings einige Ausnahmen. Tomaten ist es zum Beispiel zu kalt im Kühlschrank, sie warten lieber bei Zimmertemperatur auf ihren Einsatz. Das meiste Standardgemüse von Aubergine bis Zucchini mag's aber kühl. Es kommt in der Originalverpackung, in einer Gemüsetüte oder in einer Plastikdose ins Gemüsefach. Spargel, ob weiß, violett oder grün, wird in ein feuchtes Geschirrtuch eingeschlagen, in eine Plastiktüte gegeben und kann so bis zu 2 Tage im Gemüsefach des Kühlschranks gelagert werden.

GEMÜSE
Welche Arten gibt es?

FRUCHTGEMÜSE Tomate, Zucchini, Gurke, Aubergine, Paprika, Kürbis

KOHLGEMÜSE Weißkohl, Rotkohl, Wirsing, Spitzkohl, Chinakohl, Blumenkohl, Brokkoli, Rosenkohl

STÄNGELGEMÜSE Spargel, Fenchel, Staudensellerie

SAMENGEMÜSE/HÜLSENFRÜCHTE Bohnen, Erbsen, Linsen

WURZEL- UND KNOLLENGEMÜSE Möhren, Radieschen, Sellerie, Rote Bete, Rettich

BLATTGEMÜSE Spinat, Mangold

PILZE SIND PILZE

Pilze sind weder Fisch noch Fleisch, zählen aber trotzdem nicht zum Gemüse! Sie bilden botanisch betrachtet eine eigene Ordnung: Pilze. Pilzzeit ist im Herbst. Kultur- und Zuchtpilze sind aber rund ums Jahr erhältlich, wachsen ja im Gewächshaus. Um Pilze aufzubewahren: Ab damit in einen Papierbeutel oder in Küchenpapier einwickeln und in einer Plastikdose ins Kühlfach legen – so nimmt das Papier das Kondenswasser auf und die Pilze schimmeln nicht. Pilze nie in Wasser waschen – sie saugen sich damit voll und werden matschig! Stattdessen Erdkrümel und Co. vorsichtig mit Küchenkrepp abreiben.

JEDES BÖHNCHEN …

Hülsenfrüchte wie Bohnen, Erbsen und Linsen waren eine Zeit lang ganz schön out – vollkommen zu Unrecht! Sie enthalten viel gesundes Eiweiß, Ballaststoffe und Mineralien, sind vielseitig einsetzbar und schmecken richtig zubereitet super! Ganz groß in Mode sind hingegen die Exoten unter den Hülsenfrüchten wie rote Linsen und Kichererbsen. Vor allem, wer gerne orientalisch kocht, wird sie lieben! Rote Linsen sind übrigens voll bequem in der Zubereitung. Sie müssen nicht eingeweicht werden und sind in wenigen Minuten gar!

FRISCH ODER TK?

An marktfrische Bohnen oder Blumenkohl direkt vom Feld kommt Tiefkühl-Gemüse natürlich nicht ran. Aber wenn's mal schnell gehen soll und du keine Lust zum Schnibbeln hast, ist das Gemüse aus dem Eisschrank völlig in Ordnung. Je nachdem, wie lange die „frischen" Möhrchen, Bohnen oder Pilze schon im Supermarktregal liegen, können die tiefgekühlten Verwandten sogar mit mehr Nährstoffen aufwarten. Sie werden nämlich in der Regel reif geerntet und dann direkt eingefroren, während frische Ware oft lange Wege hinter sich hat und dann noch tagelang im Laden liegt – da machen sich die Vitalstoffe dann irgendwann vom Acker ...

ZWIEBELN BRATEN

Sollen deine Zwiebeln beim (An)Braten schöne Röstaromen bekommen, darf die Hitze beim Braten etwas höher sein – dabei immer schön rühren. Ansonsten: Runter mit der Hitze. Das nennt sich dann „Anschwitzen". Dabei bleiben die Zwiebeln farblos (= glasig).

GEMÜSE „PUTZEN"?

„Whaaat??? Jetzt soll ich das Grünzeug auch noch putzen? Mit Lappen und Wischmopp oder was? Ich glaub es hackt ...". Reg dich nicht auf! Damit ist nur gemeint, dass man alles, was man von dem Gemüse nicht fürs Gericht braucht, wegschneidet oder abmacht. Also: Bei **Möhre, Zucchini, Gurke, Aubergine, Petersilienwurzel** & Co. beide Enden, bei **Frühlingszwiebeln** den Wurzelansatz und das dunkle Grün am anderen Ende, bei **Tomaten** oben den Stielansatz, bei **Pilzen** das Stielende. Weg mit allem, was du nicht mitessen möchtest. Auch unschöne Stellen. Folgende Gemüsesorten machen beim Putzen etwas mehr Arbeit:

Brokkoli/Blumenkohl
Blätter entfernen, unteres Strunkende abschneiden (wer will, schält und würfelt es und verwendet es mit). Röschen vom Strunk schneiden.

Fenchel
Wurzelende, grüne Stängel und unschöne Stellen abschneiden. Von oben nach unten mittig durchschneiden und den Strunk keilförmig rausschneiden.

Knollensellerie
Blattansatz und Strunk wegschneiden und großzügig schälen.

Kohlrabi
Blattstiele und unteres Ende abschneiden. Schälen und holzige Stellen entfernen.

Lauch
Lauch muss man gründlich waschen, vor allem den oberen Teil, da versteckt sich gerne Erde zwischen den Schichten. Dafür das untere Wurzelende abschneiden, außerdem die groben dunkelgrünen Enden oben. Dann die äußere Schicht von oben nach unten einschneiden. Die Stange unter fließendem Wasser waschen, dabei die Schichten ein bisschen auseinanderziehen, damit die Erde rausgespült wird.

Paprika/Chili
Schoten längs halbieren. Stielansatz wegschneiden. Bei Paprikas Kerne und weiße Trennwände rausschneiden, bei Chilis nur, wenn es nicht zu scharf werden soll.

Rotkohl/Weißkohl
Äußere Blätter entfernen. Kopf vierteln und jeweils unten den Strunk keilförmig herausschneiden. Mit dem Gemüsehobel hobeln oder mit dem Messer quer in Streifen schneiden.

Staudensellerie
Den blättrigen Teil oben abschneiden. Den unteren Teil abschneiden und die Stangen voneinander trennen. Die fadenartige Schale mit einem Messer abziehen oder mit dem Sparschäler abschälen (kann auch dran bleiben, ist dann aber weniger zart).

Zwiebeln
Die äußere Schale mit einem Messer abschälen. Beide Enden abschneiden. Ggf. die obere Schicht einritzen und abziehen.

Und wie kriege ich die Dinger klein? Ganz einfach: Enden der Zwiebel abschneiden, dann Zwiebel schälen und längs halbieren. Längs so in schmale Streifen schneiden, dass sie an einem Ende noch zusammengehalten werden. Dreimal parallel zum Brett bis vor die Wurzel einschneiden. Zum Schluss quer zur Faser in Würfelchen schneiden.

WAS IST WANN REIF?

Wie schon gesagt: Je frischer und reifer das Gemüse, desto vitaminreicher und leckerer! Saisonales Gemüse aus der Region ist daher ganz klar zu favorisieren. In dem folgenden Kalender siehst du, welches Gemüse wann Saison hat. Ab jetzt gibt's also keine Ausrede mehr, wenn du „versehentlich" im Winter Erdbeeren kaufst …

O Vor- bzw. Nachsaison
● Haupterntezeit

	Jan.	Feb.	März	April	Mai	Juni	Juli	Aug.	Sep.	Okt.	Nov.	Dez.
Artischocken					●	●			O	●	●	●
Auberginen	O	O	O	O	●	●	●	●	●	●	O	O
Blumenkohl	O	O	O	O	O	●	●	●	●	●	O	O
Bohnen, grüne					O	●	●	●	●	O		
Brokkoli					O	O	●	●	●	●	●	●
Chinakohl	●	●	●	O	O	●	●	●	●	●	●	●
Erbsen					O	●	●	●	O			
Fenchel	O	O	O	O				●	●	●	●	O
Grünkohl	●	●	O	O						O		●
Gurken				O	O	●	●	●	●	●	●	
Karotten	O	O	O	O	O	●	●	●	●	●	●	●
Kohlrabi	O	O	O	O	O	●	●	●	●	●	O	O
Kürbis	O							O	●	●	●	O
Lauch	●	●	●	O	O	O	O	●	●	●	O	●
Mais						O	●	●	●			
Mangold					O	●	●	●	●	O		
Paprikaschoten	O	O	O	O	O	●	●	●	●	●	O	O
Pastinaken	●	●	●	●	●						●	●
Radieschen	O	O	O	O	●	●	●	●	●	O	O	O
Rosenkohl	●	●	O						●	●	●	●
Rote Bete	●	●	O	O	O	O	O	O	●	●	●	●
Rotkohl	O	O	O	O	O	O	O	O	●	●	●	O
Schwarzwurzeln	O	O	O							O	●	●
Sellerie (Knolle)	●	●	●	O	O	O	O	O	●	●	●	●
Sellerie (Staude)	O	O	O	O	O	O	●	●	●	●	O	O
Spargel			O	●	●	●						
Spinat	O	O	●	●	●	O	O	O	●		O	
Spitzkohl					O	O	O	●	●	●	O	
Tomaten	O	O	O	O	O	O	●	●	●	●	O	O
Weißkohl	O	O	O	●	O	O	O	O	●	●	●	O
Wirsing	O	O	O	O	●	●	●	●	●	●	●	O
Zucchini	O	O	O	O	O	●	●	●	●	●	O	O
Zuckerschoten					O	●	●	●	●			

EDEL GESCHIMMELT

Die bekanntesten Blauschimmelkäse sind der italienische Gorgonzola (aus Kuhmilch) und der französische Roquefort (aus Ziegenmilch). Gorgonzola gibt´s als „dolce" auch in milder – ideal für geschmackliche Sensibelchen.

OFENKARTOFFELN MIT SPINAT
SOULFOOD IN BESTFORM

FÜR 4 NORMALHUNGRIGE

4 große mehligkochende Kartoffeln
Salz
800 g frischer Blattspinat
1 mittelgroße Zwiebel
1 El Butter
100 ml Sahne
200 g Blauschimmelkäse
Pfeffer

Zubereitungszeit: ca. 1 Stunde

1 Backofen auf 200 °C vorheizen. Kartoffeln gründlich waschen, dann in kochendem Salzwasser 15 Minuten vorgaren. Abgießen, abtropfen lassen und jede Kartoffel in ein Stück Alufolie wickeln. Die Kartoffeln etwa 40 Minuten im Backofen garen.

2 Inzwischen Spinat verlesen, heißt: unschöne Blätter entsorgen, kräftigere Stiele entfernen. Dann gründlich waschen, vielleicht sogar zwei- oder dreimal – in den zerknautschten Blättern versteckt sich häufig eine Menge Erde. Zwiebel schälen und in kleine Würfel schneiden. Butter in einem großen Topf zerlassen, Zwiebelwürfel darin bei mittlerer Hitze anschwitzen. Spinat dazu und unter Rühren garen, bis die Blätter zusammengefallen sind. Sahne zugießen, aufkochen und 4–5 Minuten cremig einköcheln. Blauschimmelkäse in kleine Stückchen brechen. Die Hälfte davon zum Spinat geben, unterrühren und schmelzen lassen. Mit etwas Salz und Pfeffer würzen.

3 Kartoffeln aus dem Ofen nehmen und aus der Folie wickeln. Auf der Oberseite jeweils kreuzförmig einschneiden und etwas auseinanderdrücken. Spinat auf den Kartoffeln verteilen, den restlichen Käse drüberbröseln.

 **Passt prima zu Steaks und Gegrilltem**

KARTOFFEL-BEILAGEN I

Kartoffeln gehören zweifellos zu den beliebtesten Beilagen auf deutschen Tellern. Kein Wunder, passen die Multitalente doch zu nahezu jedem Fleisch- und Fischgericht. Hier meine best Potato-Buddys – weitere findest du auf S. 104!

SALZKARTOFFELN

FÜR 4 ALS BEILAGE 1 kg Kartoffeln | Salz

Zubereitungszeit: ca. 30 Minuten

Kartoffeln schälen, waschen, ggf. halbieren oder in Stücke schneiden und ab in einen Topf damit. Mit Wasser bedecken, Salz dazu (das Wasser soll schön salzig schmecken). Deckel drauf und zum Kochen bringen. Dann auf mittlere Hitze runterschalten und die Kartoffeln je nach Größe 20–25 Minuten weich garen. Wasser abgießen und Kartoffeln ausdampfen lassen.

PELL-KARTOFFELN

FÜR 4 ALS BEILAGE 800 g Kartoffeln | Salz

Zubereitungszeit: ca. 30 Minuten

Genauso wie Salzkartoffeln, nur dass die Schale dranbleibt. Diese vorher gründlich abwaschen oder falls besonders dreckig: mit einer Gemüsebürste abschrubben. Am besten Kartoffeln mit möglichst dünner Schale nehmen, z. B. Frühkartoffeln oder Drillinge.

KARTOFFELPÜREE

FÜR 4 ALS BEILAGE 800 g mehligkochende Kartoffeln | Salz | 200 ml Milch | 40 g Butter | Pfeffer | gemahlene Muskatnuss

Zubereitungszeit: ca. 35 Minuten

Aus den Kartoffeln Salzkartoffeln zubereiten, abgießen und ausdampfen lassen. Noch heiß mit einem Kartoffelstampfer zerdrücken. Milch erhitzen, Butter darin schmelzen. Nach und nach unter die Kartoffeln rühren – so viel, bis es schön cremig ist. Mit Salz, Pfeffer und Muskat abschmecken.

KLÖSSE

FÜR 4 ALS BEILAGE
500 g mehligkochende Kartoffeln | Salz | 2 Eier | 200 g Weizenmehl (Type 405) oder griffiges Mehl | 2 El Grieß | 2 El zerlassene Butter | Pfeffer

Zubereitungszeit: ca. 1 Stunde

1 Aus den Kartoffeln Salzkartoffeln zubereiten, abgießen und ausdampfen lassen. Durch eine Kartoffelpresse drücken und abkühlen lassen. Kartoffelmasse mit Eiern, Mehl, Grieß und zerlassener Butter vermengen. Salzen und pfeffern.

2 Aus dem Teig mit bemehlten Händen gleich große Klöße formen. Reichlich Salzwasser aufkochen und die Klöße mit einer Schaumkelle vorsichtig hineinlegen. Bei schwacher Hitze 15–20 Minuten leicht wallend kochen, bis sie oben schwimmen.

KARTOFFELTOPF
MIT KOKOS UND CURRY

FÜR 4 KOKOSFANS

3 Stangen Staudensellerie
  mit Grün
700 g Kartoffeln
1 Zwiebel
300 g Tomaten
2 El Rapsöl

3 Tl Currypulver
Saft von ½ Zitrone
1 Tl Honig
200 ml Kokosmilch
1 Tl Salz
1 Msp. weißer Pfeffer

Zubereitungszeit: ca. 40 Minuten

1 Sellerie putzen, waschen und klein würfeln. Die Blätter fein hacken. Kartoffeln schälen, waschen und in 1–2 cm große Würfel schneiden. Zwiebel schälen und in halbe Ringe schneiden. Die Tomaten waschen, Stielansätze rausschneiden und würfeln.

2 Das Öl in einem Topf erhitzen, Sellerie und Zwiebel darin 3 Minuten anbraten. Dann Curry und Kartoffelwürfel zugeben und einmal durchrühren. Tomaten, Zitronensaft, Honig, Kokosmilch, Salz und Pfeffer zugeben, dann alles mit geschlossenem Deckel bei mittlerer Hitze 20 Minuten köcheln lassen. Vor dem Servieren noch einmal umrühren und mit dem Selleriegrün bestreuen.

WEDGES
HEISS GELIEBT

FÜR 4 KARTOFFEL-FETISCHISTEN

800 g Kartoffeln
4 El Pflanzenöl
1 Tl Paprikapulver
Salz

Zubereitungszeit: ca. 45 Minuten

1 Backofen auf 200 °C vorheizen. Ein Backblech mit Backpapier belegen. Kartoffeln gut waschen, trocken tupfen und längs in Spalten schneiden. In einer Schüssel mit Öl, Paprikapulver und Salz vermengen.

2 Die Kartoffelspalten auf dem Backblech verteilen und 30–40 Minuten im vorgeheizten Ofen knusprig backen.

NOCH KNUSPRIGER

Ein bisschen mehr Arbeit, aber sehr effektiv: Kartoffelspalten mit einer Gabel einritzen – dann wird's besonders knusprig!

SPINAT, RÜHREI UND KARTOFFELN
HERRLICH OLDSCHOOL

FÜR 4 NOSTALGIKER

FÜR DIE KARTOFFELN:
1 kg Kartoffeln, Salz

FÜR DEN SPINAT:
1 kg Blattspinat
3 Schalotten
2 El Butter
150 ml Sahne
Salz, Pfeffer, Muskat

FÜR DAS RÜHREI:
3 Eier
4 El Milch oder Sahne
1 Schuss kohlensäurehaltiges
  Mineralwasser
Salz, Pfeffer
geriebene Muskatnuss
1 El Butter

Zubereitungszeit: ca. 30 Minuten

1 Kartoffeln schälen und waschen. In reichlich Salzwasser je nach Größe in 20–25 Minuten gar kochen, dann abgießen.

2 In der Zwischenzeit knöpfst du dir das Gemüse vor: Spinat verlesen, also nicht so schöne Blätter wegschmeißen, kräftigere Stiele entfernen. Dann gründlich waschen (Spinat ist oft sehr sandig!). Abtropfen lassen und grob zerschneiden. Schalotten schälen und fein würfeln. Butter in einem Topf erhitzen, Schalotten darin bei mittlerer Hitze anschwitzen. Spinat dazu und Deckel drauf. In 3–4 Minuten ist der Spinat zusammengefallen, dann Sahne dazugießen und alles noch mal 2 Minuten köcheln lassen. Wer mag, püriert den Rahmspinat mit einem Stabmixer. Mit Salz, Pfeffer und Muskat abschmecken.

3 Für das Rührei Eier mit Milch oder Sahne sowie einem Schuss Mineralwasser mit dem Schneebesen verschlagen. Mit Salz, Pfeffer und Muskat würzen. Butter in einer beschichteten Pfanne bei mittlerer Hitze schmelzen, dann die Eiermasse hineingießen. Bei mäßiger Hitze vorsichtig rühren, bis die Eier zu stocken beginnen, aber noch cremig sind. Kartoffeln mit Spinat und Rührei auftischen.

BRATKARTOFFELN MIT SPECK
EHRLICH, KNUSPRIG, GUT

FÜR 4 ALS ORDENTLICHE BEILAGE

1 kg festkochende Kartoffeln
Salz
1 Zwiebel
3 El Öl

100 g gewürfelter
  Schinkenspeck
Pfeffer

Zubereitungszeit: ca. 1 Stunde 10 Minuten

1 Kartoffeln waschen und mit der Schale in reichlich Salzwasser etwa 20 Minuten gar, aber nicht zu weich kochen. Abgießen und im Topf etwas ausdämpfen lassen. Dann pellen und abkühlen lassen. Anschließend in Scheiben oder Stücke schneiden.

2 Zwiebel schälen und fein würfeln. Öl in einer Pfanne (perfekt wäre eine aus Gusseisen, da werden die Bratkartoffeln besonders knusprig) sehr heiß werden lassen und die Kartoffeln hineingeben. Auf der Unterseite bräunen, dann durch Schwenken der Pfanne die Kartoffeln wenden – geht auch mit einem Pfannenwender, dann aber aufpassen, dass die Kartoffeln nicht zerdrückt werden.

3 Speck und Zwiebel in die Pfanne und 2–3 Minuten mitbraten. Wenn die Kartoffeln schön goldbraun und knusprig sind, vom Herd nehmen, mit Salz und Pfeffer würzen.

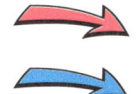

Schmeckt super zu Wiener Schnitzel (S. 53) oder Club-Steak (S. 56)

Auch lecker zu Scholle Finkenwerder (S. 70)

KARTOFFEL-BEILAGEN II

Noch mehr kartoffelige Beilagen – dieses Mal gebacken!
Herrlich knusprig, pur oder als Beilage superlecker.

RÖSTI

FÜR 4 EIDGENOSSEN 800 g gekochte festkochende Pell-kartoffeln vom Vortag (nicht zu weich gekocht, siehe S. 101) | Salz | Pfeffer | 60 g Butter

Zubereitungszeit: ca. 40 Minuten

1 Kartoffeln schälen, grob raspeln, mit Salz und Pfeffer wür-zen. Butter in einer Pfanne schmelzen, Kartoffeln darin vertei-len und etwas andrücken. Bei schwacher Hitze ca. 10 Minuten braten, dabei mehrmals wenden.

2 Kartoffelmasse mit einem Pfannenwender zu einem Fladen zusammendrücken. Falls es am Boden klebt, noch ein Löffel-chen Butter dazu. Mit einem Teller bedeckt braten, bis die Unterseite schön goldgelb-knusprig ist. Dann wenden und auf der zweiten Seite knusprig braten.

 **Perfekte Beilage für Zürcher Geschnetzeltes (S. 65)**

KARTOFFEL-PUFFER

FÜR 4 PUFFERFANS
800 g mehligkochende Kartoffeln | 2 Zwiebeln | 2 Eier | 2 El Mehl | Salz | Pfeffer | Öl zum Braten

Zubereitungszeit: ca. 25 Minuten

Kartoffeln schälen, gründlich waschen. Zwiebeln schälen. Beides auf einer Gemüsereibe fein raspeln bzw. reiben. Eier und Mehl dazugeben. Alles gut vermischen und mit Salz und Pfeffer abschmecken. Soviel Öl in eine beschichtete Pfanne geben, dass der Boden gut bedeckt ist. Je Puffer 1–2 El Teig hineingeben. Bei mittlerer Hitze ca. 5 Minuten pro Seite braten.

KARTOFFELGRATIN

FÜR 4 MIT GROSSEM GRATIN-HUNGER 1 kg Kartoffeln | 1 Knoblauchzehe | Salz | Pfeffer | gemahlene Muskatnuss | 100 g geriebener Käse (z. B. Gruyère) | 250 ml Sahne | 1 Ei | 125 ml Milch | Butter für die Form

Zubereitungszeit: ca. 1 Stunde

1 Kartoffeln schälen, waschen, dann in dünne Scheiben schneiden oder hobeln. Knoblauch schälen. Eine große Auflaufform (oder 2 kleine) mit der Knoblauchzehe und mit Butter ausstreichen.

2 Backofen auf 220 °C vorheizen. Einige Kartoffelscheiben in der Form verteilen. Mit Salz, Pfeffer und Muskat würzen. Etwas geriebenen Käse darüberstreuen. Erneut Kartoffelscheiben darübergeben, würzen und Käse daraufstreuen. So weiter verfahren, bis alles aufgebraucht ist.

3 Die Sahne mit dem Ei und der Milch verquirlen, mit Salz, Pfeffer und Muskat würzen. Über das Gratin gießen. Im Ofen etwa 40 Minuten goldbraun backen.

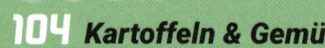

BUNTES OFENGEMÜSE
MIT KICHERERBSEN

FÜR 4 GEMÜSEFANS

1 rote Zwiebel
1 Knoblauchzehe
2 mittelgroße Zucchini
400 g Hokkaido-Kürbis
2 Rote Beten
1 Dose Kichererbsen (Abtropfgewicht 265 g)
6 El Olivenöl
2 El Ahornsirup
2 Tl Ras el-Hanout
Salz
Pfeffer
½ Bund Petersilie

Zubereitungszeit: ca. 1 Stunde

1 Backofen auf 180 °C vorheizen. Zwei Backbleche mit Backpapier auslegen. Zwiebel und Knoblauch schälen. Die Zwiebel in Ringe und den Knoblauch in Scheiben schneiden. Zucchini waschen, putzen und in Scheiben schneiden. Kürbis waschen, dann putzen – also: Stielansatz abschneiden, Kürbis halbieren und die Kerne mit einem Löffel herausschaben (die Schale kannst du beim Hokkaido mitessen, praktisch nicht?). Dann in dünne Spalten schneiden. Rote Beten schälen (am besten Küchenhandschuhe tragen, da sie abfärben) und ebenfalls in dünne Spalten schneiden. Kichererbsen in einem Sieb abspülen und abtropfen lassen.

2 Alles auf dem Backblech verteilen und mit 3 El Olivenöl und 1 El Ahornsirup beträufeln. Mit 1 Tl Ras el-Hanout, Salz und Pfeffer würzen. Im Backofen 25–30 Minuten backen.

3 Die Petersilie waschen, trocken schütteln und die Blätter fein hacken. Mit restlichem Öl, Ahornsirup und Ras el-Hanout über das Ofengemüse geben und servieren.

OMELETT IM GREEK-SALAD-STYLE

SCHMECKT NACH SONNE UND MEER

FÜR 4 NORMALHUNGRIGE

½ Bund glatte Petersilie	Salz
1 große rote Zwiebel	Pfeffer
3 Tomaten	1 Prise Chilipulver
5 El schwarze Oliven mit Stein	2 El Olivenöl
10 Eier	100 g Feta (Schafskäse)

Zubereitungszeit: ca. 35 Minuten

1 Backofen auf Grillfunktion vorheizen. Petersilie waschen, trocken schütteln, Blättchen abzupfen und fein hacken. Zwiebel schälen, halbieren und in Scheiben schneiden. Tomaten waschen, Stielansätze herausschneiden und in Stücke schneiden. Oliven entsteinen (die Arbeit lohnt sich – Oliven, die ihren Stein behalten durften, schmecken aromatischer als ihre schon entsteinten Schwestern) und in Scheiben schneiden.

2 Eier in einer großen Schüssel mit Salz, Pfeffer und Chilipulver gut verquirlen – geht bei so einer Menge am besten mit dem Handrührgerät (Rührbesen), ein Schneebesen tut es zur Not aber auch. Dann die Petersilie dazu.

3 Öl in einer beschichteten, ofenfesten Pfanne erhitzen und Zwiebeln darin braten, bis sie leicht gebräunt sind. Tomaten und Oliven zugeben und alles 1–2 Minuten bei mittlerer Hitze köcheln lassen. Eier zugeben und etwa 1 Minute braten, bis sie zu stocken beginnen. Und jetzt flott, bevor die Eier gar sind: Feta mit den Händen gleichmäßig drüberbröseln und die Pfanne für etwa 5 Minuten in den Backofen stellen. Fertig ist das Griechischer-Salat-Omelett, wenn es fest und oben goldbraun ist. Am besten sofort servieren!

ÜBERBACKENE AUBERGINEN

AROMABOMBE AUS DEM OFEN

FÜR 4 MEDITERRANE

800 g Auberginen	5 El Olivenöl
Salz	400 g stückige Tomaten
1 Schalotte	aus der Dose
2 Knoblauchzehen	Pfeffer
1 Bund frisches Basilikum	75 g Gorgonzola
1 rote Paprikaschote	125 g Mozzarella

Zubereitungszeit: ca. 1 Stunde 20 Minuten

1 Auberginen waschen, putzen und quer in dünne Scheiben schneiden. Auf Küchenpapier legen und mit Salz bestreuen (das macht man, um der Aubergine Bitterstoffe und Wasser zu entziehen).

2 Backofen auf 200 °C vorheizen. 2 Backbleche mit Backpapier belegen. Schalotte und Knoblauch schälen und fein würfeln. Basilikum waschen, trocken schütteln, Blättchen abzupfen und in feine Streifen schneiden. Paprika putzen, waschen und fein würfeln.

3 Auberginen mit Küchenpapier trocken tupfen, auf die Backbleche verteilen und mit 3 El Olivenöl bepinseln. Auberginen im Ofen etwa 20 Minuten knusprig-braun backen. Wer nur 1 Backblech hat, bäckt die Auberginen nacheinander.

4 Restliches Öl in einem Topf erhitzen, Schalotte und Knoblauch darin bei mittlerer Hitze glasig anschwitzen. Paprika dazu und 3 Minuten anbraten. Dann die Tomaten dazu, alles salzen und pfeffern und 10 Minuten köcheln lassen. Zum Schluss die Hälfte vom Basilikum unterrühren.

5 Auberginen in einer Auflaufform verteilen, Sauce drauf verstreichen, Gorgonzola drüber zerbröseln und abgetropften Mozzarella drüber zerzupfen. Noch mal für 15 Minuten in den Ofen damit. Zum Servieren mit dem restlichen Basilikum bestreuen.

POLENTA-TARTE
MIT PILZEN UND RUCOLA

FÜR 4 ENGAGIERTE

1 Zweig Rosmarin	Pfeffer
½ Bund Thymian	500 g kleine Champignons
50 g Parmesan	2 El Olivenöl
850 ml Gemüsebrühe	1 Kugel Mozzarella
200 g Schnellkoch-Polenta	1 große Handvoll Rucola
25 g Butter	1 Tl Aceto balsamico
Salz	

Zubereitungszeit: ca. 1 Stunde

1 Backofen auf 200 °C vorheizen. Ein Backblech mit Backpapier belegen. Rosmarin und Thymian waschen und trocken schütteln. Rosmarinnadeln vom Zweig streifen und fein hacken, Thymianblättchen abzupfen. Parmesan reiben.

2 Gemüsebrühe in einem großen Topf zum Kochen bringen. Polenta unter Rühren einrieseln lassen. 8 Minuten bei schwacher Hitze köcheln lassen, dabei immer wieder rühren, damit nichts am Topfboden ansetzt. Vom Herd nehmen. Parmesan, Butter, Rosmarin und etwas Salz und Pfeffer einrühren. Polenta flach auf das Backblech streichen und im Ofen ca. 20 Minuten backen.

3 Währenddessen die Champignons mit Küchenkrepp abreiben, putzen und halbieren. Mit den Thymianblättchen vermischen. Öl in einer Pfanne erhitzen, Pilze darin 2–3 Minuten rundrum goldbraun braten. Mozzarella abtropfen lassen und in Würfel schneiden.

4 Pilze und Mozzarella auf dem Polentaboden verteilen und 10 Minuten weiterbacken, bis der Mozzarella geschmolzen ist. Inzwischen den Rucola waschen und trocken schleudern, harte Stielenden wegschneiden. Die Tarte aus dem Ofen holen, mit Rucola bestreuen und mit Aceto balsamico beträufeln.

GEFÜLLTE ZUCCHINI MIT QUINOA
ÖFTER MAL WAS NEUES

FÜR 4 MIT SNACK-HUNGER

100 g Quinoa	½ Bund Petersilie
Salz	50 g Sonnenblumenkerne
4 große Zucchini (ca. 1 kg)	2 El Olivenöl
1 rote Spitzpaprika	Salz
60 g Mais aus der Dose	Pfeffer
60 g Feta (Schafskäse)	150 ml Gemüsebrühe

Zubereitungszeit: ca. 50 Minuten

1 Quinoa in einem feinen Sieb unter fließend heißem Wasser gründlich waschen. Mit 200 ml leicht gesalzenem Wasser in einen Topf geben und aufkochen. Bei kleiner Hitze ca. 15 Minuten köcheln lassen. Vom Herd ziehen und zugedeckt 5 Minuten quellen lassen.

2 Inzwischen Zucchini waschen, putzen, längs halbieren und mit einem Löffel aushöhlen. Das entnommene Fruchtfleisch klein schneiden. Spitzpaprika putzen, waschen und klein würfeln. Mais in einem Sieb abspülen und abtropfen lassen. Schafskäse klein würfeln oder zerbröseln. Petersilie waschen, trocken schütteln und die Blättchen fein hacken.

3 Backofen auf 200 °C vorheizen. Quinoa mit Zucchinifleisch, Paprika, Mais, Schafskäse und Petersilie mischen. Sonnenblumenkerne und Olivenöl unterheben, mit Salz und Pfeffer würzen. Mischung in die ausgehöhlten Zucchini füllen. Zucchini in eine Auflaufform legen, Gemüsebrühe dazugießen. Ab in den Ofen damit für 25–30 Minuten.

SPECKBOHNEN

FÜR 4 ALS BEILAGE 500 g grüne Bohnen | Salz | 1 Zwiebel |
50 g Butter | Pfeffer | 1 TI getrocknetes Bohnenkraut | 100 g
gewürfelter Speck

Zubereitungszeit: ca. 20 Minuten

1 Bohnen waschen und die Enden abschneiden. In einem
Topf Salzwasser zum Kochen bringen, Bohnen rein und etwa
10 Minuten garen – sie sollen weich, aber noch bissfest sein.
In ein Sieb abgießen und abtropfen lassen.

2 Zwiebel schälen und fein würfeln. Butter in einem Topf
schmelzen und die Bohnen mit der Zwiebel darin etwa 5 Minuten bei mittlerer Hitze garen. Mit Salz, Pfeffer und Bohnenkraut würzen.

3 Speck ohne zusätzliches Fett in eine Pfanne geben und bei
starker Hitze in etwa 2 Minuten knusprig braten, dabei immer
schön rühren. Unter die Bohnen mischen – fertig!

GEMÜSE-BEILAGEN

Rotkohl, Sauerkraut & Co. sind vielleicht
etwas old school, haben aber ganz klar
ihre Daseinsberechtigung, zu manchen
Gerichten sind sie gar ein Muss. Aber Gemüse
kann auch anders, frisch und modern.
Hier findest du beides!

ROTKOHL

FÜR 4 RUSTIKALE
1 kg Rotkohl | 2 Zwiebeln | 2 Äpfel |
3 El Butterschmalz | 3 El Rotwein-
essig | Salz | 300 ml trockener Rotwein
(alternativ Brühe) | 100 ml Gemüse-
brühe | 4 Gewürznelken | ½ TI Piment |
1 El Zucker | Pfeffer

Zubereitungszeit: ca. 1 Stunde 15 Minuten

1 Die äußeren Blätter des Kohls entfernen. Den Kohl vierteln
und jeweils den harten Strunk herausschneiden. Waschen,
trocknen, dann in dünne Streifen schneiden oder hobeln.
Zwiebeln schälen und fein würfeln. Äpfel waschen, schälen,
Kerngehäuse entfernen und die Äpfel in Würfel schneiden.

2 Butterschmalz in einem großen Topf erhitzen, Zwiebel
und Apfelwürfel darin bei mittlerer Hitze anbraten. Mit Essig
ablöschen, dann Rotkohl dazu. Salzen und alles bei mittlerer
Temperatur etwa 7 Minuten garen.

3 Wein, Brühe, Nelken, Piment, Zucker und Pfeffer unterrühren und den Kohl bei geringer Temperatur etwa 45 Minuten
schmoren.

 **Passt perfekt zu Braten jeder Art**

SAUERKRAUT

FÜR 4 KRAUTS 1 Zwiebel | 1 El Öl | 750 g Sauerkraut |
100 ml trockener Weißwein | 400 ml Gemüsebrühe |
3 schwarze Pfefferkörner | 2 Wacholderbeeren | 1 Lorbeer-
blatt | 1 kleiner Apfel | Salz | Zucker

Zubereitungszeit: ca. 55 Minuten

1 Zwiebel schälen und fein würfeln. Öl in einem Topf erhitzen
und die Zwiebel darin bei mittlerer Hitze glasig anschwitzen.
Sauerkraut zugeben und kurz mitgaren.

2 Wein, Brühe und die Gewürze dazugeben und das Kraut bei
niedriger Temperatur etwa 45 Minuten schmoren.

3 Den Apfel waschen, schälen, halbieren, das Kerngehäuse
entfernen und das Fruchtfleisch fein reiben. Nach 30 Minuten
Schmorzeit unter das Kraut heben. Das Sauerkraut mit Salz
und Zucker abschmecken.

SÜSSKARTOFFEL-FRIES

FÜR 4 TRENDSETTER 3 große Süßkartoffeln (ca. 1 kg) |
1 l neutrales Pflanzenöl zum Frittieren | Salz

Zubereitungszeit: ca. 25 Minuten

1 Für die Fries die Süßkartoffeln schälen, waschen, die Enden
abschneiden und die Kartoffeln mit dem Spiralschneider
in dünne Spaghetti schneiden. Zwischendurch die Nudeln
kürzen.

2 Das Öl in einem großen Topf oder in einer Fritteuse auf
ca. 165 °C erhitzen. Die Süßkartoffelnudeln portionsweise
ins heiße Fett geben und ca. 2 Minuten vorfrittieren. Herausnehmen und die Temperatur auf 180 °C erhöhen. Nochmals
portionsweise in ca. 1 Minute fertig frittieren. Auf Küchenpapier abtropfen lassen und mit Salz bestreuen.

ZUCCHINI-NUDELN

FÜR 4 LOW-CARB-FANS 3–4 Zucchini | Salz | ggf. Rapsöl
zum Braten oder Olivenöl zum Marinieren | Pfeffer

Zubereitungszeit: ca. 15 Minuten

1 Zucchini waschen, putzen und mit einem Julienne- oder
Spiralschneider (für Spaghetti) oder mit einem Sparschäler
(für Bandnudeln) in lange Streifen oder Spiralen schneiden.

2 Salzwasser in einem großen Topf zum Kochen bringen und
die Zucchini darin ca. 1 Minute blanchieren; alternativ Öl in
einer Pfanne erhitzen und die Zucchini darin 2–3 Minuten braten. Wer es gerne bissfest mag, kann die Nudeln auch einfach
roh genießen. Dazu in etwas Olivenöl marinieren. Mit Salz und
Pfeffer bestreut servieren.

ZWEIERLEI POMMES

FÜR 4 FRITTENFETISCHISTEN 4 große festkochende
Kartoffeln | 400 g geputzter und entkernter Hokkaido |
3 El Olivenöl | Salz

Zubereitungszeit: ca. 45 Minuten

Backofen auf 200 °C vorheizen. Ein Backblech mit Backpapier auslegen. Kartoffeln schälen und waschen. Kartoffeln
und Kürbis in etwa 1 cm dicke Stäbchen schneiden. In eine
große Schüssel geben und mit dem Olivenöl mischen.
Die Pommes auf dem Backblech
verteilen und etwa 30 Minuten
knusprig backen. Mit Salz
würzen und servieren.

ERBSEN-SPITZKOHL-PÜREE

FÜR 4 ALS BEILAGE 500 g Spitzkohl | 1 Zwiebel | 2 Knob-
lauchzehen | 2 El Olivenöl | 400 g TK-Erbsen | Salz | 150 ml
Milch | Pfeffer | geriebene Muskatnuss

Zubereitungszeit: ca. 30 Minuten

1 Die äußeren Blätter des Kohls entfernen. Den Kohl halbieren
und jeweils den harten Strunk herausschneiden. Waschen,
trocknen und quer in Streifen schneiden. Zwiebel und Knoblauch schälen und beides fein würfeln. In einer großen Pfanne
1 El Olivenöl erhitzen, Zwiebel und Knoblauch darin 3 Minuten
anschwitzen, dann den Spitzkohl dazu. Etwa 10 Minuten braten, dabei ab und zu umrühren.

2 Gefrorene Erbsen in kochendem Salzwasser ca. 5 Minuten
blanchieren, dann abgießen und mit der Milch fein pürieren.
Spitzkohl unterheben und alles mit Salz, Pfeffer und Muskat
würzen.

 **Passt perfekt zu Kabeljau und Seelachs (S. 74)**

BEST FRIENDS FOREVER!

FLATBREAD
MIT GEGRILLTER PAPRIKA

FÜR 4 ALS KLEINE PORTION

1 Bund Basilikum
250 g Weizenmehl (Type 405)
50 g kalte Butter
1 ½ Tl Salz
1 Tl Zucker
100 ml Sahne
130 ml Buttermilch
180 g gegrillte Paprika aus dem Glas
1–2 El Olivenöl
Mehl für die Arbeitsfläche

Zubereitungszeit: ca. 1 Stunde 20 Minuten

1 Basilikum waschen, trocken schütteln und die Blätter fein hacken. Mehl in eine große Rührschüssel geben. Butter in kleinen Flöckchen darauf verteilen und alles mit Salz, Zucker und Basilikum mit den Händen zu feinen Bröseln zerreiben. Sahne und Buttermilch zugeben und alles mit dem Handrührgerät (Knethaken) zu einem glatten Teig verkneten. Teig in Folie wickeln und 30 Minuten im Kühlschrank ruhen lassen.

2 Backofen auf 250 °C vorheizen, dabei einen Pizzastein in der Mitte des Ofens mit vorheizen (wenn du keinen hast, nimm einfach ein umgedrehtes Backblech). Paprika grob würfeln. Teig in zwei Portionen teilen und auf wenig Mehl sehr dünn ausrollen. Einen Teigfladen auf Backpapier legen, mit etwas Olivenöl bepinseln, mit der Hälfte der Paprika belegen und mit dem Backpapier auf den Stein bzw. das Backblech legen. Etwa 12 Minuten knusprig braun backen, dann auf die gleiche Weise das zweite Flatbread backen.

KOHLRABI-FRITTATA
LECKER MIT FETA

FÜR 4, DIE ES VEGETARISCH MÖGEN

2 kleine Kohlrabis	8 Eier
200 g Cocktailtomaten	Salz
200 g Feta (Schafskäse)	Pfeffer
½ Bund Petersilie	Butter für die Form

Zubereitungszeit: ca. 1 Stunde 10 Minuten

1 Backofen auf 180 °C vorheizen. Eine Auflaufform mit Butter einfetten. Kohlrabis waschen, putzen, schälen, dann mit einem Spiralschneider in dünne Spaghetti schneiden. Tomaten waschen, Stielansätze herausschneiden und vierteln. Den Schafskäse klein würfeln. Petersilie waschen, trocken schütteln und die Blätter fein hacken. Die Eier verquirlen, mit Salz und Pfeffer würzen und die Petersilie unterrühren.

2 Die Kohlrabinudeln in die Auflaufform füllen, Tomaten und Schafs-käse darauf verteilen. Die Eiermasse darübergießen. Die Frittata im Backofen 35–40 Minuten backen, bis die Eiermasse gestockt ist.

KARTOFFEL-ZUCCHINI-TOPF
FLOTT GEMACHT

FÜR 4 ONE-POT-FANS

3 Zucchini (ca. 400 g)	2 El Olivenöl
1 Knoblauchzehe	50 ml Weißwein
1 Zwiebel	1 Tl Honig
700 g Kartoffeln	200 ml Sahne
je 2 Zweige Rosmarin, Oregano	1 El frisch geriebener Parmesan
und Thymian (alternativ	1 Tl Salz
getrocknete italienische	1 Prise Pfeffer
Kräuter)	

Zubereitungszeit: ca. 40 Minuten

1 Zucchini waschen, putzen und fein würfeln. Knoblauch und Zwiebel schälen und fein würfeln. Kartoffeln schälen, waschen und 1–2 cm groß würfeln. Die Kräuter waschen, trocken schütteln, die Blättchen bzw. Nadeln abzupfen und fein hacken.

2 Das Öl in einer Pfanne erhitzen und Knoblauch und Zwiebel darin 1–2 Minuten anbraten. Zucchini für 2–3 Minuten mitbraten, dann mit Weißwein ablöschen. Kartoffeln, Honig, Sahne, Parmesan, Salz, Pfeffer und die Hälfte der Kräuter zugeben. Deckel drauf und alles bei mittlerer Hitze 20 Minuten köcheln lassen. Vor dem Servieren umrühren und mit den restlichen Kräutern bestreuen.

SÜSSES & GEBÄCK

„Versuchungen sollte man nachgeben. Wer weiß, ob sie wiederkommen." (Oscar Wilde)

Right, Mr. Wilde! Erst recht süßen Versuchungen! Pudding, Eis, Muffins oder Kaiserschmarrn – manchmal muss es süß sein. Das Hirn schreit: „Zucker her, zack, zack!!!" Da machste nix. Außer vielleicht du bist Supermodel ... aber lassen wir das ... Süßes ist soooooooooo lecker, macht gute Laune, tröstet – ein wahres Wundermittel, besser als Binge Watching. Süßkram zu machen, ist anders als kochen. Aber genauso easy zu lernen. Ich zeig's dir!

SÜSSKRAM GEHT IMMER!

NACHTISCH, SEELENFUTTER, KAFFEEKLATSCH

Hast du auch so ein Extrafach für Nachtisch im Bauch? Nix geht mehr rein, aber Süßes passt trotzdem noch? Dann bist du hier so was von richtig! Süßes kann aber viel mehr als nur Nachtisch: Ist ein mega Seelenfutter und als Gebäck ein Must-have beim Kaffeeklatsch mit deinen Freunden. Aber sieh selbst!

DIE MILCH MACHT'S – UND SAHNE ERST!

Milchprodukte wie Sahne, Milch, Quark & Co. sind bei Desserts absolute Hauptfiguren. Je höher der Fettgehalt, desto gehaltvoller das Ergebnis. Mascarpone und Sahne sind schon ganz schöne Schwergewichte – aber Fett ist nun mal ein Top-Geschmacksträger, deswegen schmecken die besonders sahnigen Leckereien auch besonders lecker. Wer es leichter mag, mischt mit Magerquark oder Joghurt. Auch Frischkäse passt gut in süße Cremes und Desserts.

Sahne steif schlagen

So wirst du zum Super-Sahneschlager: Kühlschrankkalte Sahne in eine gekühlte Rührschüssel geben. Sahne mit dem Handrührgerät (Rührbesen) auf mittlerer Stufe etwa 1 Minute schlagen. Wer mag, gibt etwas Puderzucker oder Zucker dazu. Auf höchster Stufe weiterschlagen, bis die Sahne fest ist. Wenn du jetzt weiterschlägst, hast du irgendwann Butter, also hör früh genug auf …

DAS GELBE VOM EI … UND DAS WEISSE!

Auch Eier spielen bei Desserts und Backkram eine Hauptrolle. Bei manchen Rezepten werden die Eier im Ganzen hinzugefügt, bei anderen werden Eigelb und Eiweiß vorher getrennt. Eigelb gibt Cremes den nötigen Halt. Es emulgiert sehr gut und verbindet sich gut mit Butter, Sahne und anderen fettreichen Lebensmitteln. Gebäck wird durch Eigelb schön mürbe und zart und bekommt einen feinen Geschmack. Eiweiß sorgt – steif geschlagen – für Lockerung und Luftigkeit in Teigen, Cremes und anderen Massen.

Eier trennen

Das Trennen von Eiern ist kein Hexenwerk: Ei mittig so auf die dünne Kante einer Schüssel schlagen, dass es einen Riss bekommt. Mit beiden Daumen vorsichtig in diesen Riss fassen und die Eierschalenhälften dabei auseinanderziehen. Jetzt das Eigelb von einer Schale in die andere gießen und dabei das Eiweiß in eine Schüssel tropfen lassen. So lange hin- und hergießen, bis nur noch das Eigelb in der Schale übrig ist, dieses dann in eine separate Schüssel geben.

SALMONELLEN-ALARM

Für Süßspeisen, die nicht gebacken oder gekocht werden, sondern roh bleiben (z. B. Tiramisù, S. 118), unbedingt ganz frische Eier nehmen! Ältere Eier könnten mit Salmonellen verunreinigt sein, die in dem Fall nicht durch Erhitzen abgetötet würden. Und: Die Rohei-Nascherei an dem Tag essen, an dem sie gemacht wurde!

Eischnee schlagen

So machst du aus Eiweiß perfekten Eischnee: Eiweiß in einer fettfreien Schüssel mit dem Handrührgerät (Rührbesen) auf mittlerer Stufe schaumig schlagen. Auf höchster Stufe weiterschlagen, bis die Masse fest ist.

Eiweiß wird besonders schnell steif, wenn etwas Salz oder ein Spritzer Zitronensaft beigemischt wird. Schon bei kleinsten Mengen von Eigelb im Eiweiß hast du keine Chance mehr, das Eiweiß steif zu kriegen – also Vorsicht beim Trennen! Eischnee ist steif, wenn das Eiweiß bei auf dem Kopf gedrehter Schüssel am Schüsselboden haften bleibt bzw. wenn ein Messerschnitt in der Masse deutlich sichtbar bleibt.

Eigelb schaumig rühren

Um Eigelb schaumig zu rühren, gibst du es in eine fettfreie Schüssel und schlägst es mit dem Handrührgerät (Rührbesen) auf mittlerer Stufe zu einer dick-schaumigen Masse.

MMMMH, VANILLE!

Mit Vanille kannst du eigentlich fast nix falsch machen! Sie passt so gut wie zu allen Desserts und auch zu Gebäck. Vanille gibt's in Form von Extrakt, Pulver und als ganze Schote. Die **Vanilleschote** ist ganz klar die Queen unter den Vanilligen – wenn du die Möglichkeit hast, nimm sie! Verwendung findet sowohl die Schote selbst (sie wird zum Beispiel ausgekratzt in Flüssigkeiten mitgekocht und gibt dabei ihr Aroma ab), vor allem aber das Vanillemark im Inneren, das das Hauptaroma enthält.

Schön und gut, aber wie kriege ich das Mark aus der Schote? Ganz einfach: Mit einem scharfen Messer die Schote längs aufritzen. Die Schotenhälften etwas auseinanderdrücken, Messer flach ansetzen und das Mark rauskratzen.

 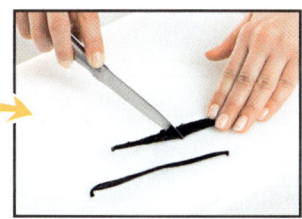

Günstiger als die Schote ist **Vanillepulver.** Es besteht aus den gemahlenen Samenkörnern der Vanille, hat allerdings viel weniger Aroma. Aromatischer ist gemahlene Vanille, die aus zermahlenen Vanilleschoten besteht. **Vanilleextrakt** ist ein flüssiger Auszug, der aus der echten Vanille gewonnen wird, und zwar so: Vanilleschoten kommen mit Alkohol in ein Gefäß. Nach ein paar Wochen hat die Flüssigkeit die Farbe der Vanilleschoten angenommen – das Ergebnis ist Vanilleextrakt!

Vanillinzucker und **Vanillezucker** sind beliebte Zutaten, die nicht nur süßen, sondern auch ein zartes Vanillearoma mit im Gepäck haben. Vanillinzucker wird aus künstlichem Aroma hergestellt, Vanillezucker aus echter Vanille.

Vanillezucker kannst du auch ganz leicht selber machen! Wirf ausgekratzte Vanilleschoten nicht weg, sondern pack sie mit feinem Zucker in ein sauberes Gefäß. Verschließen, ein paar Tage warten – fertig ist der Homemade-Vanillezucker!

MACH DICH NACKIG, ZITRONE!

Zitronenschale passt zu Süßem wie die Faust aufs Auge! Der zitronig-frische, leicht herbe Geschmack schmeckt super zu vielen Cremes und Kuchigem. Nimm dafür auf jeden Fall Bio-Zitronen!

So kriegst du die Schale ganz einfach ab (genauso geht's übrigens auch mit Orangen): Zitronen gut abwaschen und trocken reiben. Für Zesten mit einem Zestenreißer feine Streifen von der Schale abziehen (ohne die weiße Haut, die ist voll bitter).

Für feinen Abrieb die Außenseite der Schale (auch ohne die weiße Haut) mit einer feinen Reibe abreiben.

BEEREN-BANANEN-EIS
VERFÜHRUNG LIGHT

FÜR 4 FIGURBEWUSSTE

300 g Beerenmischung (TK)
2 große reife Bananen
2 El Honig
100 g frische Beeren (z. B. Himbeeren, Erdbeeren oder Blaubeeren)

Zubereitungszeit: ca. 1 Stunde 15 Minuten

1 Beeren etwas antauen lassen. Bananen schälen und in grobe Stücke schneiden. Beides mit dem Honig in einen hohen Rührbecher geben und mit dem Stabmixer cremig pürieren.

2 In ein flaches, gefriertaugliches Gefäß füllen und für mindestens 2 Stunden ins Tiefkühlfach stellen. Zum Vernaschen mit frischen Beeren garnieren.

ROTE GRÜTZE
SCHMECKT WIE FRÜHER

FÜR 4 ALS NACHTISCH

700 g gemischte rote Sommerfrüchte (z. B. Himbeeren, Erdbeeren, Johannisbeeren, Kirschen)
120 g Zucker
70 ml Wasser oder Fruchtsaft

1 El Speisestärke
abgeriebene Schale von ½ unbehandelten Zitrone
2 Tl Vanilleextrakt (oder 3 Msp. gemahlene Vanille)

Zubereitungszeit: ca. 1 Stunde

1 Obst waschen und putzen, dann mit Zucker und Wasser bzw. Saft in einen Topf geben und 3 Minuten bei schwacher Hitze köcheln lassen.

2 In einer kleinen Tasse Speisestärke in 2 El Wasser glatt rühren, in die Grütze rühren und 2 Minuten sanft köcheln lassen. Zitronenschale und Vanille dazu und unterrühren. Die Grütze in eine Schüssel füllen und abkühlen lassen.

 **Superlecker dazu: Vanillesauce (S. 120), Schlagsahne oder Vanilleeis**

SUPERFOOD GEFÄLLIG?

Es muss gar nichts Exotisches sein – Himbeeren, Blaubeeren & Co. wachsen direkt vor unserer Haustür und sind randvoll mit Vitaminen und Nährstoffen!

ZITRONENMOUSSE MIT MINZPESTO
VOLL ERFRISCHEND

FÜR 4 MIT KLEINEM SÜSSHUNGER

FÜR DIE MOUSSE:
1 ½ unbehandelte Zitronen
60 g Zucker
2 frische Eier
200 g Quark

FÜR DAS MINZPESTO:
20 g frische Minzblätter
10 g Agavendicksaft
1 El Zitronensaft
1 El Cashewkerne

Zubereitungszeit: ca. 1 Stunde

1 Für die Mousse Zitronen gründlich waschen und trocken reiben. Schale von 1 Zitrone dünn abreiben, dann alle Zitronen filetieren, dabei den Saft auffangen. Das Filetieren geht so: Oben den Deckel und unten den Boden wegschneiden. Zitronen aufrecht hinstellen und die Schale mit einem langen Messer von oben nach unten wegschneiden. Dann die einzelnen Filets zwischen den weißen Trennhäuten herausschneiden.

2 Zitronenfilets in einen kleinen Topf geben, Zitronenschale, aufgefangenen Saft und Zucker dazu. Alles bei mittlerer Hitze etwa 5 Minuten einkochen lassen. Durch ein Sieb in eine Schüssel gießen und den Zitronensirup auskühlen lassen.

3 Jetzt geht's den Eiern an den Kragen! Eier trennen. Eiweiß mit dem Handrührgerät (Rührbesen) steif schlagen, im Kühlschrank parken. Eigelb schaumig quirlen, dann langsam den Zitronensirup unterrühren. Quark unterrühren. Zum Schluss mit einem Kochlöffel den Eischnee unterheben – schön vorsichtig, damit das Mousse schön luftig wird! Das Mousse für 30 Minuten in den Kühlschrank stellen.

4 Für das Minzpesto Minzblätter waschen und trocken schütteln. Mit Agavendicksaft, Zitronensaft, Cashewkernen und 1 El kaltem Wasser in einen hohen Rührbecher geben und alles mit dem Stabmixer fein pürieren. Das Zitronenmousse mit dem Minzpesto servieren.

GRIESSBREI MIT KOMPOTT
OMA LÄSST GRÜSSEN

FÜR 4 SCHLECKERMÄULER

FÜR DAS KOMPOTT:
6 Aprikosen
150 g Kirschen
1 El Honig
1 El frisch gepresster
   Zitronensaft

abgeriebene Schale von
   ½ unbehandelten Zitrone
50 g Zucker
80 g Weichweizengrieß

AUSSERDEM:
30 g ungesalzene Pistazienkerne

FÜR DEN GRIESSBREI:
500 ml Milch
200 ml Sahne

Zubereitungszeit: ca. 40 Minuten

1 Aprikosen und Kirschen waschen, dann halbieren und entsteinen. Aprikosen in kleine Würfel schneiden und mit Honig, Zitronensaft und 100 ml Wasser in einen Topf geben. Aufkochen, dann bei mittlerer Hitze etwa 10 Minuten köcheln lassen, bis die Aprikosen weich sind. Mit dem Stabmixer fein pürieren, dann die Kirschen dazu. Noch mal aufkochen, dann runter vom Herd.

2 Inzwischen die Pistazien in einer Pfanne ohne Fett leicht anrösten, auskühlen lassen, dann hacken.

3 Für den Grießbrei Milch, Sahne, Zitronenschale und Zucker in einen Topf geben, aufkochen lassen. Grieß einrühren und alles 5 Minuten bei mittlerer Hitze köcheln lassen, dabei immer schön rühren. Den Brei etwas abkühlen lassen, Kompott und Pistazien drüber – mmmmmh!

TIRAMISÙ
GEHT IMMER

FÜR 4 ITALO-FANS

2 Eigelb
2 El Zucker
350 g Mascarpone
2 El Mandellikör (kann man auch weglassen)
100 g Löffelbiskuits
50 ml kalter Espresso
2–3 El ungesüßtes Kakaopulver

Zubereitungszeit: ca. 20 Minuten (plus ca. 4 Stunden Kühlzeit)

1 Eigelb und Zucker mit dem Handrührgerät (Rührbesen) schaumig rühren. Mascarpone löffelweise dazugeben, dabei immer weiterrühren. Wer will, schmeckt mit Mandellikör ab.

2 Boden einer flachen Auflaufform mit der Hälfte der Löffelbiskuits auslegen, die Hälfte des Espressos drüberträufeln, die Hälfte der Mascarponecreme draufstreichen. Restliche Löffelbiskuits drauf, wieder mit Espresso beträufeln, restliche Mascarponecreme drüber.

3 Tiramisù zugedeckt für mindestens 4 Stunden in den Kühlschrank stellen, damit es schön durchzieht. Bevor es auf den Tisch kommt, mit Kakaopulver bestäuben.

VANILLEPUDDING
SELBSTGEMACHT DOPPELT LECKER

FÜR 4 ALS KLEINER NACHTISCH

500 g Milch
2 Eigelb
30 g Speisestärke (Maisstärke)
1 Vanilleschote
60 g Zucker
ggf. Himbeeren und Minzblättchen zum Garnieren

Zubereitungszeit: ca. 15 Minuten

1 5 El von der Milch in einem Schüsselchen mit Eigelb und Speisestärke klümpchenlos verquirlen. Vanilleschote mit einem Messer längs aufritzen und das Mark rauskratzen. Mark und Schote zusammen mit der restlichen Milch und dem Zucker in einen Topf geben. Aufkochen lassen.

2 Den Topf von der Herdplatte ziehen, die Vanilleschote rausfischen. Die Eigelb-Mischung langsam dazugießen, dabei kräftig rühren. Alles noch einmal unter Rühren aufkochen lassen, dann in Schälchen füllen. Schmeckt lauwarm oder kalt. Wer mag, toppt den Pudding noch mit ein paar Himbeeren und Minzblättchen – ist lecker und sieht hübsch aus!

 **Auch lecker dazu: Schoko- oder Himbeersauce (S. 120)**

MOUSSE AU CHOCOLAT
ÜPPIG, CREMIG, GÖTTLICH

FÜR 4 SCHOKOHOLICS

200 g Schokolade (70 % Kakaoanteil)
50 g Butter
200 ml Sahne
3 Eier
50 g Zucker

Zubereitungszeit: ca. 20 Minuten (plus ca. 2 Stunden Kühlzeit)

1 Schokolade grob hacken und zusammen mit der Butter in einem Topf bei ganz niedriger Hitze schmelzen, dann etwas abkühlen lassen. Sahne sehr steif schlagen. Eier trennen, Eiweiß sehr steif schlagen. Beides im Kühlschrank zwischenparken.

2 Eigelb und Zucker mit dem Handrührgerät (Rührbesen) dickschaumig rühren – das kann schon 5 Minuten dauern. Die Schoki unterrühren, dann erst die Sahne, dann den Eischnee vorsichtig mit einem Kochlöffel unterheben – nicht zu sehr rühren, sonst fallen Sahne und Eischnee wieder zusammen! Bevor es losgehen kann, muss die Mousse noch für mindestens 2 Stunden in den Kühlschrank. Vorfreude ist bekanntlich die schönste Freude …

BRATÄPFEL MIT CRANBERRY-FÜLLUNG SWEET WINTER

FÜR 4 ROMANTIKER

6 El Apfelsaft	4 süß-säuerliche Äpfel
3 El Cranberrys	(z. B. Berlepsch oder Jonagold)
100 g Marzipanrohmasse	1 P. Vanillezucker
1 Tl abgeriebene Schale von	30 g Butter
1 unbehandelten Orange	Butter für das Blech
2 El gehackte Mandeln	Puderzucker zum Bestäuben

Zubereitungszeit: ca. 1 Stunde 15 Minuten

1 Apfelsaft in ein Schüsselchen, Cranberrys dazu und ca. 30 Minuten einweichen, dann abtropfen lassen und grob hacken.

2 Backofen auf 180 °C vorheizen. Ein Backblech mit Butter bepinseln. Cranberrys mit Marzipan, Orangenschale und Mandeln verkneten. Äpfel gründlich waschen und abtrocknen. Einen flachen Deckel abschneiden und die Äpfel großzügig entkernen (damit ordentlich Füllung reinpasst) – das geht am besten mit einem Apfel-Ausstecher oder mit einem kleinen Küchenmesser.

3 Äpfel mit etwas Vanillezucker ausstreuen und mit der Marzipanmasse füllen. Die Deckel wieder drauflegen. Butter in einem kleinen Topf schmelzen, Äpfel dünn damit bepinseln. Auf das Backblech setzen und ca. 25 Minuten backen. Mit Puderzucker bestäubt servieren.

 **Toll dazu:** Vanillesauce (S. 120) oder Eis (Vanille, Nuss, Zimt …)

SUPER-SAUCEN-SPECIAL

Fertigtütchen, ihr könnt einpacken – ab heute machen wir unsere süßen Sößchen nur noch selbst! Sie schmecken zu ganz vielen von unseren Desserts, peppen aber auch gekauften Süßkram wie Pudding oder Eis auf.

VANILLESAUCE

FÜR 4 ZUM TOPPEN 375 ml Milch | Mark von 1 Vanilleschote | 3 Eigelb | 60 g Puderzucker

Zubereitungszeit: ca. 15 Minuten

Milch und Vanillemark in einen Topf geben, aufkochen. Eigelb mit Puderzucker mit dem Handrührgerät (Rührbesen) schaumig rühren – das kann ein paar Minuten dauern. Heiße Vanillemilch nach und nach dazugießen, dabei immer schön weiterrühren! Warm servieren oder abkühlen lassen – dann immer mal wieder umrühren, falls du keine Haut drauf magst.

SCHOKOSAUCE

FÜR 4 ZUM TOPPEN 250 ml Sahne | je 125 g Zartbitter- und Vollmilchschokolade

Zubereitungszeit: ca. 15 Minuten

Ab mit der Sahne in einen Topf und erhitzen. Schokolade in Stücke brechen, zur Sahne geben und schmelzen lassen, dabei rühren, rühren, rühren. Warm und kalt superlecker!

HIMBEERSAUCE

FÜR 3–4 ZUM TOPPEN
300 g Himbeeren | 50 g Puderzucker

Zubereitungszeit: ca. 10 Minuten

Himbeeren mit Puderzucker und etwas Wasser in einen Topf geben und breiig kochen. Stabmixer rein und kräftig pürieren. Ab in ein Sieb damit, Schüssel drunter und die Sauce durch das Sieb streichen – so bleiben die Himbeerkernchen im Sieb! Schmeckt warm und kalt.

KAISERSCHMARRN
KLASSIKER AUS DEN BERGEN

FÜR 4 ALS NACHTISCH

4 Eier
125 g Mehl
125 ml Milch
1 Prise Salz
1 Tl Backpulver

2 El Zucker
100 g Rosinen
4 El Butter
Puderzucker zum Bestäuben

Zubereitungszeit: ca. 35 Minuten

1 Eier, Mehl, Milch, Salz, Backpulver und Zucker zu einem glatten Teig verrühren. 10 Minuten ruhen lassen. Rosinen heiß abspülen und unterheben.

2 2 El Butter in einer Pfanne schmelzen, den Teig dazu. Bei mittlerer Temperatur etwa 5 Minuten backen – dann ist der Teig fest und die Unterseite goldbraun. Ofenhandschuhe an, einen großen Teller über die Pfanne legen, beides zusammen wenden und den Pfannkuchen so vom Teller wieder in die Pfanne gleiten lassen, dass die gebackene Seite oben ist. Restliche Butter in die Pfanne geben und den Pfannkuchen von der anderen Seite goldbraun backen.

3 Den fertigen Pfannkuchen mit zwei Gabeln in Stücke zerreißen und noch 2–3 Minuten weiterbacken, bis alle Stücke rundherum goldbraun sind. Zum Schluss gehört natürlich noch ordentlich Puderzucker drüber!

 **Köstlich dazu: Kompott (S. 117), Vanille-sauce (S. 120) oder Himbeersauce (S. 120)**

ARME RITTER MIT KARAMELL-SAUCE RESTE-ESSEN DE LUXE

FÜR 4 MIT SÜSSHUNGER

1 Vanilleschote
2 Eier
100 ml Milch
200 ml Sahne
60 g Walnusskerne

2 El Zucker
4 altbackene Milchbrötchen
2 El Butter
Puderzucker zum Bestäuben

Zubereitungszeit: ca. 40 Minuten

1 Vanilleschote längs aufritzen und das Mark rauskratzen. Mit Eiern, Milch und 100 ml Sahne in eine Schüssel geben und alles kräftig verrühren.

2 Die Nüsse grob hacken und in einer Pfanne ohne Fett etwas anrösten, dabei immer schön rühren. Aus der Pfanne nehmen, Zucker in die Pfanne streuen und bei geringer Hitze langsam karamellisieren lassen. Mit 2 El Wasser ablöschen, dann köcheln lassen, bis die Masse honigartig aussieht. Restliche Sahne und Nüsse dazu und noch mal 5 Minuten köcheln lassen.

3 Die Brötchen jeweils in 3 Scheiben schneiden. In die Eiermasse tunken und darin wenden, sodass sie sich schön vollsaugen. Butter in einer großen Pfanne erhitzen und die Brotscheiben darin von jeder Seite 2–3 Minuten goldbraun backen. Kurz auf Küchenpapier abtropfen lassen. Dann dick mit Puderzucker bestäuben und mit der Walnuss-Karamell-Sauce beträufelt auftischen.

WAFFELN
BIG LOVE FOREVER

FÜR 4 LIEBLINGSWAFFELN

100 g weiche Butter	1 Prise Salz
2 Eier	120 ml Milch
150 g Mehl	Butter oder Öl für das
½ Tl Backpulver	Waffeleisen
1 P. Vanillezucker	

1 Butter mit dem Handrührgerät (Rührbesen) schaumig schlagen. Die Eier dazuquirlen, schön eins nach dem anderen. Mehl mit Backpulver, Vanillezucker und Salz mischen und dazugeben. Milch dazu und das Ganze ordentlich verrühren, bis du einen schönen glatten, also klümpchenfreien Teig hast. Etwa 10 Minuten ruhen lassen.

2 Jetzt geht's ans Backen: Waffeleisen vorheizen, leicht mit Butter oder Öl bepinseln, eine Kelle Teig drauf, zuklappen und eine goldgelbe Waffel backen – das dauert etwa 3–5 Minuten (schau am besten zwischendurch immer mal nach). Fertige Waffel auf ein Kuchengitter legen. Und weiter geht's mit der nächsten Waffel! So weitermachen, bis der Teig aufgebraucht ist.

 Dazu schmeckt Schokosauce (S. 120); auch lecker: Konfitüre, heiße Kirschen, Eis, Puderzucker …

BEIDES IN CA. 45 MINUTEN FERTIG!

PFANNKUCHEN
SCHÖN FLUFFIG

FÜR 8 KÜCHLEIN

500 ml Milch	2 El Zucker
4 Eier	neutrales Öl zum Backen
300 g Mehl	(z. B. Sonnenblumenöl)
1 Prise Salz	

1 Milch und Eier in einer Schüssel verquirlen. Dann die restlichen Teigzutaten dazu. Alles gründlich verrühren – mit Schneebesen, Handrührgerät (Rührbesen) oder Pürierstab, Hauptsache am Schluss ist der Teig schön glatt und ohne Klümpchen.

2 Etwas Öl in einer beschichteten Pfanne auf mittlerer Stufe erhitzen. Eine Kelle Teig rein und die Pfanne so schwenken, dass sich der Teig gleichmäßig auf dem Pfannenboden verteilt. Etwa 3 Minuten backen, bis die Masse gestockt und die Unterseite schön goldbraun gebacken ist. Mit einem Pfannenwender umdrehen und auf der anderen Seite noch mal etwa 2 Minuten backen. Dann raus aus der Pfanne damit, wieder ein bisschen Öl rein und so weitermachen, bis der Teig aufgebraucht ist.

VARIANTE:

Für Speckpfannkuchen erst ein paar Baconscheiben in der Pfanne anbraten, dann den Teig drauf und weiter wie beschrieben. Für Käse- und Apfelpfannkuchen den Teig in die Pfanne geben und Käsescheiben bzw. dünne Apfelscheiben auf dem flüssigen Teig verteilen. Stocken lassen, dann wenden und fertig backen. Bei Käse- und Speckpfannkuchen den Zucker im Teig weglassen!

 Lecker dazu: Früchte, Eis, Nuss-Nougat-Creme …

CRÊPESRÖLLCHEN MIT SCHOKOSAHNE
GEFÜLLT, GEROLLT, VERNASCHT

FÜR 4 SÜSSSCHNÄBEL

FÜR DEN CRÊPETEIG:

50 g Butter
150 g Weizenmehl
½ P. Backpulver
150 ml Milch
2 Eier
1 P. Vanillezucker
1 Prise Salz

2 Eiweiß
1 Prise Salz
2 El Zucker
½ P. Vanillezucker
50 g geriebene
   Zartbitterschokolade

AUSSERDEM:
neutrales Öl zum Backen
(z. B. Sonnenblumenöl)

FÜR DIE SCHOKOSAHNE:

50 g gemahlene Haselnüsse
125 ml Sahne

Zubereitungszeit: ca. 50 Minuten

1 Für den Teig Butter in einem Topf schmelzen, dann etwas abkühlen lassen. Mehl und Backpulver in einer Rührschüssel vermischen, dann kräftig mit der Milch verquirlen – so lange, bis es keine Klümpchen mehr gibt. Eier, Vanillezucker, 1 Prise Salz und 150 ml Wasser dazu und noch mal kräftig rühren. Zuletzt die zerlassene Butter unterrühren. Den Teig 30 Minuten ruhen lassen – das macht ihn schön geschmeidig und stabil.

2 Für die Schokosahne Haselnüsse ohne Fett in einer Pfanne vorsichtig einige Minuten rösten, dabei immer schön rühren. Zur Seite stellen und abkühlen lassen. Sahne mit dem Handrührgerät (Rührbesen) steif schlagen. Eiweiß mit 1 Prise Salz steif schlagen, dann Zucker und Vanillezucker dazu und noch kurz weiterschlagen. Nach und nach Schokolade und Haselnüsse untermengen. Zum Schluss die Sahne unterheben.

3 Nun geht's ans Backen! Falls du eine Crêpière/einen Crêpe-Maker dein Eigen nennst: super! Falls nicht, auch nicht schlimm: Nimm dann einfach eine beschichtete Pfanne. In dieser erhitzt du etwas Öl und verstreichst dann eine kleine Teigportion gleichmäßig auf dem Boden der Pfanne – je dünner, je crêpiger! Den Crêpe von beiden Seiten in jeweils 1–2 Minuten goldbraun backen. Immer so weiter, bis der Teig alle ist. Die fertigen Crêpes auf einem Teller unter einem Deckel warmhalten. Wenn alle gebacken sind, mit Schokosahne bestreichen und zusammenrollen.

MÜSLI-CRUMBLE MIT ÄPFELN
SÜSSKRAM, VOLL GESUND

FÜR 4 ALS NACHMITTAGSSNACK

2 Äpfel (geht auch mit anderem
   Obst wie Birnen, Pflaumen
   oder Aprikosen)
1 El Zitronensaft
1 P. Vanillezucker
20 g Cranberrys

40 g gehackte Mandeln
40 g gemahlene Mandeln
40 g kernige Haferflocken
2 El Zucker
40 g Butter
weiche Butter für die Förmchen

Zubereitungszeit: ca. 35 Minuten

1 Backofen auf 200 °C vorheizen. 4 Tartelette- oder Auflaufförmchen mit Butter ausstreichen (das geht am besten mit einem Küchenpinsel). Äpfel schälen, Blüten- und Stielansatz rausschneiden, vierteln und die Kerngehäuse rausschneiden. Dann in dünne Spalten schneiden und sofort mit Zitronensaft beträufeln, damit sie nicht braun werden. Die Spalten fächerartig in den Förmchen verteilen, mit Vanillezucker und Cranberrys bestreuen.

2 Gehackte und gemahlene Mandeln, Haferflocken, Zucker und Butter in einer Schüssel ordentlich mit den Händen verkneten. Die Masse dann in Bröseln auf den Äpfeln verteilen, das geht am besten mit den Fingern. Ab in den Ofen damit und in etwa 15 Minuten goldbraun backen. Easy, nicht?

ORANGENKUCHEN
MOLTO ITALIANO

FÜR 20 FLUFFIGE STÜCKE

5 unbehandelte Orangen
3 Eier
400 g Zucker
150 ml Milch
300 ml fruchtiges Olivenöl

300 g Mehl
2 Tl Backpulver
1 Prise Salz
5 El Pinienkerne
Puderzucker zum Bestäuben

Zubereitungszeit: ca. 1 Stunde

1 Backofen auf 180 °C vorheizen. Fettpfanne des Backofens (das ist das tiefe Backblech) mit Backpapier auslegen. Orangen heiß abwaschen, trocken reiben und die Schale dünn abreiben. 150 ml Saft auspressen.

2 Eier und Zucker mit dem Handrührgerät (Rührbesen) dick-schaumig quirlen. Orangenschale, Orangensaft, Milch und Olivenöl nach und nach unterrühren. Mehl, Backpulver und Salz dazu und alles glatt verquirlen. Teig auf das Blech gießen, glatt streichen und mit Pinienkernen bestreuen. Ab in den Ofen damit und etwa 35 Minuten backen. Aus dem Ofen holen, abkühlen lassen und mit Puderzucker bestäuben.

NUSS-SCHOKO-GUGELHUPF
PERFEKT ZUM KAFFEEKLATSCH

FÜR 16 STÜCKCHEN

6 Eier
200 g Zucker
1 Prise Salz
150 g Mehl
100 g Speisestärke
1 P. Backpulver
1 El Kakaopulver

200 g gemahlene Walnüsse
50 g gemahlene Haselnüsse
250 ml Sonnenblumenöl
200 ml Buttermilch
200 g dunkle Schokoladenraspel
Butter und Mehl für die Form
Kakaopulver zum Bestäuben

Zubereitungszeit: ca. 1 Stunde 20 Minuten

1 Backofen auf 175 °C vorheizen. Eine Gugelhupfform (2 l Inhalt) mit Butter ausstreichen und mit Mehl ausstäuben. Eier mit Zucker und Salz mit dem Handrührgerät (Rührbesen) dick-schaumig schlagen. Mehl mit Speisestärke, Backpulver, Kakaopulver, Walnüssen und Haselnüssen mischen und dazugeben. Sonnenblumenöl und Buttermilch verrühren und in dünnem Strahl dazugießen, dabei alles glatt verrühren. Zum Schluss die Schokoraspel unterheben.

2 Den Teig in die Backform gießen und den Gugel etwa 1 Stunde backen. Mit der Stäbchenprobe kannst du gegen Ende der Backzeit immer mal kontrollieren, ob der Kuchen schon gar ist. Dafür einen Holzspieß tief in den Kuchen stecken und wieder herausziehen: Klebt noch Teig dran, den Kuchen weiterbacken; ist das Stäbchen sauber, ist der Kuchen fertig und kann raus aus dem Ofen. Den Gugel dann kurz in der Form ruhen lassen, dann auf ein Kuchengitter stürzen und auskühlen lassen. Mit Kakaopulver bestäuben und vernaschen!

KIRSCHMUFFINS
LECKER ZUM KAFFEEKRÄNZCHEN

FÜR 12 SUPER-MUFFINS

FÜR DIE STREUSEL:

100 g Butter
150 g Mehl
100 g Zucker
1 P. Vanillezucker
1 Prise Salz
1 Eigelb

FÜR DIE MUFFINS:

300 g Kirschen
125 g weiche Butter
100 g Zucker
225 g Mehl
1 Tl Backpulver
100 g saure Sahne
3 Eier

AUSSERDEM:

Butter fürs Muffinblech

Zubereitungszeit: ca. 1 Stunde

1 Los geht's mit dem Streuselteig: Dafür die Butter in Stückchen schneiden, dann mit den übrigen Streusel-Zutaten in einer Schüssel mit den Händen verkneten. Den Teig in Frischhaltefolie wickeln und 30 Minuten im Kühlschrank parken.

2 Backofen auf 175 °C vorheizen. Ein 12er-Muffinblech mit Butter ausfetten (oder mit Papierförmchen auslegen). Kirschen waschen, trocken reiben und entsteinen. Butter mit Zucker mit dem Handrührgerät (Rührbesen) schaumig rühren. Mehl mit Backpulver mischen und dazugeben. Dann die saure Sahne und die Eier und alles kräftig verquirlen.

3 Die Hälfte des Teiges auf die Förmchen verteilen. Darauf die Hälfte der Kirschen. Restlichen Teig drüber, dann restliche Kirschen drauf. Als krönenden Abschluss den Streuselteig mit den Fingern drüberkrümeln. Ab in den Ofen damit und etwa 25 Minuten backen. Auf einem Kuchengitter abkühlen lassen.

KEINE KIRSCHENZEIT?

Macht nix, geht auch mit Kirschen aus dem Glas! Die sind aber deutlich saftiger. Daher nur halb so viele Kirschen nehmen, sonst werden die Muffins matschig.

REGISTER

REZEPTE

A

Aioli 76
Arme Ritter mit Karamellsauce 121
Auberginen, überbackene 106

B

Backcamembert mit Nusskruste 35
BBQ-Sauce 58
Beeren-Bananen-Eis 116
Blätterteigschnecken 33
Bolognese 89
Bratäpfel mit Cranberryfüllung 119
Brathähnchen 55
Bratkartoffeln mit Speck 103
Braune Sauce 62

C

Ceasar´s Salad 26
Champignoncremesuppe 45
Champignon-Quinotto 92
Chilisauce 59
Chimichurri 59
Club-Steak, gegrilltes 56
Couscous-Erbsen-Salat 31
Crêpesröllchen mit Schokosahne 123
Croûtons 25
Curryreis mit Bohnen 91
Currywurst 64

D

Dorade aus dem Ofen 77

E

Erbsen-Spitzkohl-Püree 109
Erbsensuppe 41

F

Falscher Hase 57
Fischfrikadellen 75
Fischsuppe mit Fenchel 46
Flatbread 110
Frikadellen 57

G

Garnelen mit Gemüse vom Blech 79
Gemüsebrühe 43
Greek Salad im Wrap 34
Grießbrei mit Kompott 117
Guacamole 76
Gurkensalat 27

H

Hähnchen meets Paprika 54
Himbeersauce 120
Hirse-Möhren-Salat 31
Hirse-Süßkartoffel-Topf 92
Hühnerbrühe 43
Hühnersuppe mit Nudeln 40

I

Insalata di frutti di mare 78

J

Joghurt-Dressing 32

K

Kabeljaufilet, gebratenes 74
Kaiserschmarrn 121
Kalbsbraten mit Rosmarin 65
Kartoffelgratin 104
Kartoffelpuffer 104
Kartoffelpüree 101
Kartoffelsalat mit Mayo 28
Kartoffelsalat mit Radieschen, bunter 28
Kartoffelsalat, lauwarmer 29
Kartoffelsuppe 41
Kartoffeltopf mit Kokos und Curry 102
Kartoffel-Zucchini-Topf 111
Käse-Schinken-Röllchen 33
Käsespätzle mit Röstzwiebeln 87
Kichererbsen, geröstete 25
Kirschmuffins 125
Klöße 101
Kohlrabi-Frittata 111
Kokossuppe mit Garnelen 46
Kräuter-Dressing 32
Kräuter-Senf-Sauce 32

L

Lachs mit Spinat in Blätterteig 71
Lasagne 88
Lauchsuppe, karamellisierte 45

M

Mandelforelle 73
Matjessalat 78
Mayonnaise 76
Mehlbutter 38
Mehlschwitze 62
Melonensalat mit Gurke und Feta 27
Milchreis mit heißen Kirschen 93
Möhrensuppe mit Ingwer 44
Mousse au chocolat 119
Muscheln Rheinische Art 79
Müsli-Crumble mit Äpfeln 123

N

Nudelsalat 30
Nuss-Schoko-Gugelhupf 124

O

Ofengemüse, buntes **105**
Ofenkartoffeln mit Spinat **100**
Omelett im Greek-Salad-Style **106**
Orangenkuchen **124**

P

Paprikacremesuppe **44**
Paprika-Reistopf **90**
Pastasalat **30**
Pellkartoffeln **101**
Pesto **89**
Pfannkuchen **122**
Polenta-Tarte **107**
Pommes, zweierlei **109**
Putenschnitzel mit
  Cognac-Sahne-Sauce **60**

R

Räucherlachs-Penne **87**
Räucherlachs-Wraps **34**
Reispfanne mit Wurstbällchen **90**
Remoulade **76**
Rinderbrühe **43**
Rindergulasch **61**
Rinderrouladen **63**
Risotto Milanese **91**
Roastbeef superzart **61**
Rösti **104**
Rote Grütze **116**
Rote-Linsen-Suppe **47**
Rotkohl **108**
Rührei **103**

S

Salat mit Pistaziendressing **26**
Salatsauce, einfache **32**
Salsa verde **59**
Salzkartoffeln **101**
Sandwich mit Bacon, Käse und Ei **35**
Sauce aus Bratenrückstand **62**
Sauerkraut **108**
Schinken-Spaghetti **86**
Schlemmerfilet **75**
Schnitzel mit Rahmsauce **56**
Schokosauce **120**
Scholle Finkenwerder **70**
Schweinekoteletts süß-sauer **64**

Schweinemedaillons mit
  Kräuterkruste **60**
Seelachs mit Kräuterkruste **74**
Seelachs, panierter **72**
Spaghetti mit Veggie-Bolo **86**
Speckbohnen **108**
Spinat, Rührei und Kartoffeln **103**
Suppenkonzentrat **42**
Süßkartoffel-Fries **109**
Süßkartoffelsuppe **47**

T

Thunfisch, gegrillter **72**
Tiramisù **118**
Tomatensauce **89**
Tomatensuppe, aromatische **40**

V

Vanillepudding **118**
Vanillesauce **120**
Vanillezucker **115**

W

Waffeln **122**
Wedges **102**
Wiener Schnitzel **53**

Z

Zanderfilet mit Pilzkruste **71**
Zitronenhähnchen **54**
Zitronenmousse mit Minzpesto **117**
Zucchini mit Quinoa, gefüllte **107**
Zucchininudeln **109**
Zürcher Geschnetzeltes **65**

BASICS

A

Ablöschen **12**
Abschmecken **19**
Abschrecken **13**
Anschwitzen **98**
Arbeitstechniken **12 f.**
Aubergine putzen **98**

Aufkochen **41**
Avocado putzen **26**

B

Backofen **11, 21**
Blanchieren **20**
Blauschimmelkäse **100**
Blumenkohl putzen **98**
Brokkoli putzen **98**
Brühe **39**

C

Chili putzen **98**

D

Dünsten **20**

E

Eier **114 f.**
  Eigelb schaumig rühren **115**
  Eischnee schlagen **115**
  hart kochen **30**
  Salmonellen **114**
  trennen **114**
Einkauf **14 f.**
Eintopf **38**

F

Fenchel putzen **98**
Fingerprobe **51**
Fisch **68 f.**
  Aquakultur **68**
  Dorade entgräten **77**
  Einkauf **68**
  Fischkunde **69**
  Forelle filetieren **73**
  Scholle zerlegen **70**
  Überfischung **68**
Fleisch **50 ff.**
  Einkauf **52**
  Kurzbraten **50**
  Schmoren **20, 51**
  Steak **50 f.**
  Tierkunde **51 f.**
Fond **39**
Frittieren **20**
Frühlingszwiebel putzen **98**

G

Garmethoden **20**
Gemüse **96 ff.**
  Arten **97**
  Aufbewahrung **97**
  Einkauf **97**
  Hülsenfrüchte **97**
  Kartoffeln **96 f.**
  putzen **98**
  Saisonkalender **99**
Getreide **85**
  Bulgur **85**
  Couscous **85**
  Reis **84 f.**
Gewürze **18 f.**
Glasig anschwitzen **98**
Gurke putzen **98**

H

Hacken
  Kräuter **19**
  Nüsse **19**
Hackfleisch **52**
Hähnchen
  dressieren **55**
  zerteilen **55**
Handrührgerät **9**
Herd **11**
Hokkaido putzen **105**

K

Karamellisieren **13**
Kartoffeln **96 f.**
  abschütten **96**
  Aufbewahrung **96 f.**
  Erntezeit **96**
  kochen **101**
  Typen **96**
Knollensellerie putzen **98**
Köcheln **41**
Kochen **41**
Kohlrabi putzen **98**
Kräuter **18 f.**
  hacken **19**
Küchenequipment **8 ff.**
Kühlschrank **17**

L

Lauch putzen **98**
Legieren **86**

M

Marinieren **13**
Meeresfrüchte **69**
Mehlieren **56**
Mikrowelle **11**
Möhre putzen **98**

N

Nudeln **82 f.**
  kochen **83**
  Portionsgrößen **83**
  Sorten **82**
Nüsse hacken **19**

P

Panieren **53**
Paprika putzen **98**
Passieren **13**
Petersilie **28**
Petersilienwurzel putzen **98**
Pilze **97**
  aufbewahren **97**
  putzen **97, 98**
Portionen **21**
Prise **19**
Pseudogetreide **85**
Pürieren **13**
Putzen **98**

R

Reis **84 f.**
  kochen **85**
  Quellmethode **85**
  Sorten **84**
  Wassermethode **85**
Rösten **12**
Rotkohl putzen **98**

S

Sahne schlagen **114**
Saisonkalender **99**
Salat **24 f.**
  Aufbewahrung **24**

Dressing **25**
  Einkauf **24**
  putzen **24**
  Toppings **25**
Schmoren **20, 51**
Spinat verlesen **100**
Stäbchenprobe **124**
Staudensellerie putzen **98**
Steak **50 f.**
  braten **50 f.**
  Fingerprobe **51**
  Garstufen **50**
Suppe **38 f.**
  binden **38**
  Brühe und Fond **39**
  Suppeneinlagen **39**
Suppengrün **39**

T

Tiefkühl-Gemüse **98**
Tomate putzen **98**
Topping **25**

V

Vanille **115**
  Vanilleschote auskratzen **115**
Vorratshaltung **16 f.**

W

Wasserbad **13**
Weißkohl putzen **98**

Z

Zitrone
  auspressen **10**
  filetieren **117**
  Schale abreiben **115**
Zucchini putzen **98**
Zwiebel
  anbraten **98**
  glasig anschwitzen **98**
  putzen **98**
  würfeln **98**